オープンイノベーションで日本の製造業が世界に勝つ条件

小林大三
KOBAYASHI DAIZO

幻冬舎MC

はじめに

昨今、オープンイノベーションが世界的に広がっています。

オープンイノベーションとは、ハーバード大学経営大学院の教授だったヘンリー・チェスブロウによって2003年に提唱された概念です。組織内部のイノベーションを促進するため、企業の内部と外部との技術やアイデアの流動性を高め、組織内で創出されたイノベーションをさらに組織外に展開するイノベーションモデルをいい、20年ほどの時間をかけて世界的に広がってきました。

日本においてもオープンイノベーションに取り組む企業はこの10年で大きく増えました。そしてその中には、成功している企業も出てきています。しかし、日本全体としては、まだ適切に使いこなすことに苦労をしている企業が多いという状況です。

世界知的所有権機関（WIPO）の2024年版グローバル・イノベーション・インデックスによると、イノベーションが進んでいるスイス、アメリカ、スウェーデン、イギリス、オランダに対し、日本は13位となっています。アジアのなかでも、韓国、シンガポール、中国よりも下位に位置しており、企業のイノベーション力を向上させることが求められています。

私は大学院で機械工学を修めたあと、民間の大手シンクタンクで技術・産業系の戦略コンサルタントとなり、大手製造業のR＆D戦略や新規事業のための技術テーマ探索、技術を核とした事業構想立案などに従事しました。その後はオープンイノベーションに重きをおき、製造業の先端技術、ディープテクノロジーにおける技術調査や技術評価・ベンチャー探索、新規事業の戦略策定支援で経験を積んできました。その過程ではヨーロッパ・アメリカ・イスラエル・中国のベンチャー技術調査やシリコンバレー駐在拠点の支援も数多く手がけています。

その経験を踏まえていえるのは、日本の製造業がオープンイノベーションで成功するためには、徹底した技術動向の調査・分析と戦略への落とし込みが必要であり、つまり「技術インテリジェンス」の強化が必要不可欠であるということです。

そこで本書では、日本の製造業でオープンイノベーションが進まない現状とその理由を分析したうえで、日本の製造業がオープンイノベーションで成功するために必要な技術インテリジェンスについて解説していきます。具体的な技術トレンドの分析方法、情報収集の重要性、およびそれを実際の自社のオープンイノベーション戦略にどのように活用するかの具体例も紹介します。

この本をきっかけに日本の製造業が再び国際競争力を身につけ、日本が技術大国として返り咲くことができたなら著者として望外の喜びです。

Technology Intelligence　オープンイノベーションで日本の製造業が世界に勝つ条件　目次

［第2章］

自前主義から脱却できない日本

米・欧・韓でオープンイノベーションが成功している理由を分析する

［第3章］　オープンイノベーションが進まない原因は組織全体の連携不足

［第1章］

各国で盛り上がるオープンイノベーション 2030年、先端技術を扱う市場は9兆5000億ドルへ

オープンイノベーションに火をつけたヘンリー・チェスブロウ

現在、ＡＩの登場や自動運転技術の進化、遺伝子編集に環境技術など、さまざまな分野でイノベーションが加速しています。

国連貿易開発会議の「技術・イノベーション報告書（２０２３年）」によれば、本書で対象としているＩｏＴ、５Ｇ、ロボット工学、遺伝子編集、ナノテクノロジー、太陽光発電、バイオ燃料といった先端技術の市場規模も、２０２０年からの10年間で6倍以上の拡大が予想され、９兆５０００億ドルを超えて10兆ドルにも迫るとされるほどです。そうしたなか、イノベーションを創出する方法として近年特に重要になっているのが、オープンイノベーションです。

オープンイノベーションが脚光を浴びるようになったきっかけは、２００３年、世界的経済学者でハーバード大学経営大学院のヘンリー・チェスブロウ教授による一冊の書籍『Open Innovation』の刊行でした。チェスブロウはその後も、オープンイノベーションに関する複数の書籍を執筆しその普及に大きな役割を果たします。

２００６年に発表された『Open Business Models: How to Thrive in the New Innovation Landscape』では、オープンイノベーションに関する考察をビジネスモデルにまで拡大。２０１１年の『Open Services Innovation: Rethinking Your Business to Grow and Compete in a New Era』では、具体的な事例をもとに、サービス組織として企業が自らを再定義し、イノベーションを通じてより速い成長を実現する方法を示しています。

当初の考え方は、社内のリソースや技術のギャップ（不足）を乗り越えるため、外部のリソースを活用することでイノベーションを起こすというものでした。そこから徐々に、ビジネスモデルやサービスモデルへと広がったと言えます。

オープンイノベーションの定義と基本概念

チェスブロウはその書籍で、オープンイノベーションとクローズドイノベーションの概念を対照的な2つに分けて定義しています。

クローズドイノベーションは従来のイノベーションモデルであり、企業がすべての研究開発活動を自社内で行い、知的財産を厳密に保護するという考え方です。実はこれこそ、日本の企業が20世紀後半に大きく成長を遂げるベースにあったものと言えます。

一方のオープンイノベーションは、企業が自社内のアイデアや技術だけでなく、外部のアイデアや技術も積極的に活用し、内部と外部の市場経路を組み合わせて技術を進展させるべきという考え方です。

産学連携もオープンイノベーションか

チェスブロウがオープンイノベーションの概念を発表する以前にも、類似の概念に基づく取り組みは存在していました。

そのひとつが産学連携です。多くの企業が大学など教育・研究機関と手を携え、自社にはない技術や知見を取り入れてきました。これらは現在のオープンイノベーションの古くからある形だといえます。

アメリカで産学連携が盛んになったのは、1980年に成立したバイ・ドール法（Bayh-Dole Act）が影響しました。同法の成立以前を見ると、連邦政府資金による研究が生み出した知的財産（特許など）は原則国有となり、ほとんどの国有特許が休眠してしまってい

米国の大学における技術移転収入の事例

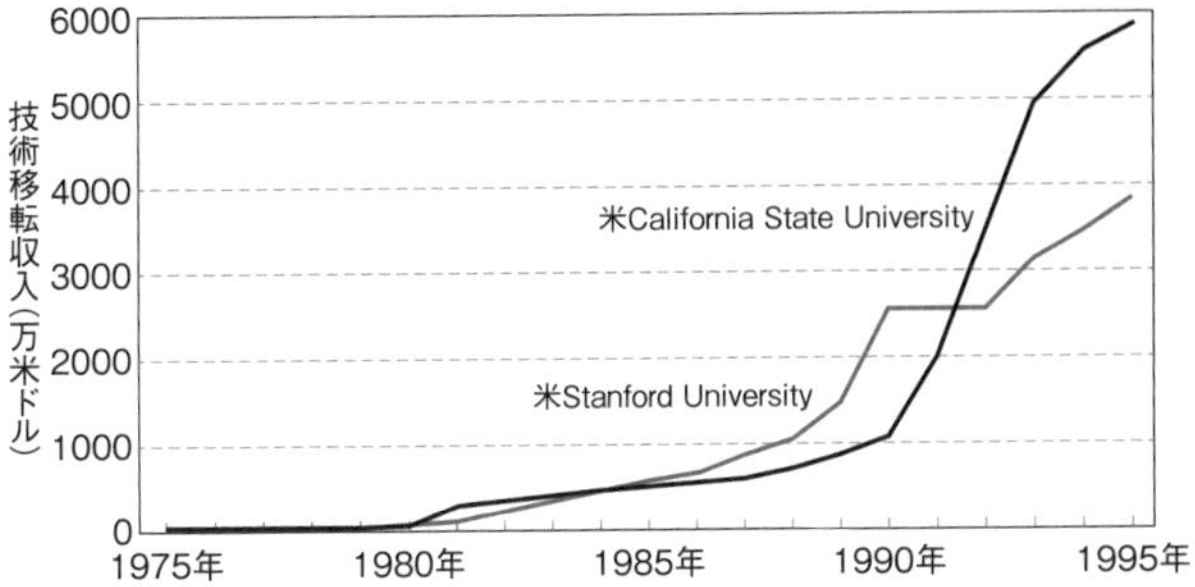

出典：日経産業新聞　1998年4月17日付

たのです。それがこの法律によって、研究を実施し発明を実現した大学や民間機関に知的財産を帰属させることや、さらにその特許を他者に独占的に使用させることが可能となります。その結果、企業や大学による技術開発が加速し、新たなベンチャー企業の誕生にも寄与。大学における技術移転収入の推移からも、産学連携が活性化していった様子がうかがえます。こうしてアメリカの産業は競争力を取り戻しました。

産学連携は日本でも、オープンイノベーションという言葉が誕生する前からよく知られていましたが、アメリカはそこからおおよそ20年先行していると考えられます。この時間の差が日本企業のオープンイノベーションに影響したという考察もありました。実際、日本でも同様の政策が取られます。1998年に「大学等技術移転促進法」、1999年に「日本版バイ・ドール制度」と呼ばれる現在の「産業技術力強化法 第17条」が施行されましたが、これらはアメリカの約20年後にあたっています。

サプライヤーとの共同開発はオープンイノベーションなのか

オープンイノベーションの定義にはやや曖昧なところがあり、何をすればオープンイノベーションだといえるのかは、明確に規定されているわけではありません。簡潔な説明であれば「これまで自社がネットワークを保有していなかったような相手のリソースや技術とコラボレーションすることで生まれるイノベーション」とまとめられます。

昨今では、既存のサプライヤー群や企業ネットワークの枠組みを超えた協業が加速しています。対象も産学連携にとどまらず、大企業と中小企業の連携、さらに大企業とスタートアップの連携と幅を広げており、また付き合い方もさまざまです。

その点を考慮すれば、既存の事業活動の一環として実施する、同じ企業グループや既存サプライヤーとともに行う技術開発は、クローズドイノベーションに近いと言えます。

調査結果から見るオープンイノベーションの状況

オープンイノベーションの普及状況を端的に表した、体系的な統計はあまり存在しません。

そんななかでの、貴重な情報源となっているのがグローバル経済誌を手掛けるEconomist Groupが立ち上げた事業体Economist Impactの調査プログラム「The Open Innovation Barometer」です。２０２２年公開のブリーフィング・ペーパーでは、３つの市場（米、英、独）と5つの部門（自動車、金融サービス、製造業、小売・消費財、電気通信）を対象に、文献調査や専門家へのインタビュー、５００人の上級管理職に実施した調査結果が発表されました。

そこでは、調査回答者の約95％が「オープンイノベーションを実施している」と回答。また、回答組織の半数以上（54％）が、ほとんどのプロジェクトまたはすべてのプロジェクトで「オープンイノベーションを実施している」と答えています。欧米で多数の企業が積極的にオープンイノベーションに取り組んでいる様子がうかがえます。

もうひとつ参考となるのが、欧州のコンサルティング、デジタルサービス、ソフトウェア開発を行う大手企業のSopra Steriaと、フランスのビジネススクールのINSEADが共同で実施したオープンイノベーションに関する調査「The Open Innovation Report 2023 - Surviving the storm」です。この調査は、世界的な景気減速により、もともと厳しい予算がさらに圧迫されるなか、企業がスタートアップなどの小規模で機敏な企業の力を活用して、研究開発プロジェクトをアウトソーシングし、イノベーションを起こすことで、企業とスタートアップのコラボレーションが急増していることを指摘しています。

同じレポートでは、欧州におけるオープンイノベーションの現状にもスポットライトを当てています。イギリス、フランス、イタリア、スペイン、ドイツなど10カ国の企業およびスタートアップ1648社を対象にした調査の結果、企業の72%が協業プロジェクトに取り組んでいることが明らかになっています。また、企業の69%が今後18カ月以内にスタートアップとの提携を計画していることも報告されています。

オープンイノベーションの特徴と利点

今日、オープンイノベーションが必須とされる理由を検証するにあたっては、この活動の特徴と利点を整理しておかなければなりません。大きく４つが考えられます。

①内部リソースの限界と外部リソースの活用

そもそも内部のリソースには限りがあるため、外部のリソースをうまく活用することができれば、効率よく研究開発や新規事業の立ち上げ、業務改善を行うことができます。

②リスク分散とコスト削減

社外に解を求めるオープンイノベーションは難易度の高いものであることが多くなります。実現可能性に疑問がある不確実性が高い課題や、実現までの時間軸が長期にわたる可能性もあります。本書で対象とする先端技術分野におけるテーマは、長く研究開発を続けたのに失敗に終わってしまうリスクを抱えているテーマも多く存在しています。

企業が単独で挑んだ場合、長期間のR＆Dにかけた投資が失敗に終わるリスクをすべて負うことになりますが、オープンイノベーションであれば外部とリスクを分散できます。一般的に、この観点は言及されることが多くありませんが、見逃せない利点ともいえます。

また、失敗するリスクを考えれば、コストはできるだけ抑えたいというのが当然です。コストが分散されるオープンイノベーションでは、その点でもメリットがあります。

③最新技術への迅速なアクセスと競争優位性の確保

本来、新しい技術へのアクセスは困難です。しかし、オープンイノベーション市場の広がりで、そんな技術の種を広く探しやすくなってきました。

ただし、技術をいち早く見つけたとしても、それが種（シーズ）の状態ではビジネスにはなりません。市場に出せる状態にまで育成して事業化し、ようやく活用できるのです。

一方、初期段階から共同で取り組むことによって、実用性の高い技術にいち早くアクセスできますし、その技術を比較的低価格で提供してもらえる可能性も高まります。技術を獲得する際の競争優位性は、リスクを取れば取るほど確保できると考えられますが、自社開発よりも圧倒的にリスク低減できるのもポイントです。

しかし、新しい技術は注目こそされているものの、現状はコストが高く、すぐには手を出しにくいものです。以前、こうした新しい技術に取り組むグローバルの飲料メーカーに話を聞いた際には、「一般消費財は、ＳＤＧｓでのブランド力を向上させることで競争力を強化できる。リスクを取って技術を育成する代わりに、技術を市場価格よりも安く提供してもらう」という考えを明かしています。

④ 社外の情報を幅広く取り入れることで最新トレンドの把握が可能

企業の事業部門では目の前のことに集中する傾向が強くなります。その結果、入ってくる情報の幅はどうしても限定的になってしまうものです。一方で、オープンイノベーション部門には、活動の過程でいろいろな情報が集まります。つまり、この活動に取り組むことは、先端の情報を常にアップデートできる環境に身をおくことでもあるのです。あまり強調されてこなかった側面ではありますが、現在の企業経営で強力な武器となる情報入手手段としての側面も強いのです。

なぜオープンイノベーションに取り組むのか

現在におけるオープンイノベーションの必要性を考えるためには、前提として、社会環境の変化とイノベーション創出の関係を振り返る必要があります。オープンイノベーション・ベンチャー創造協議会（ＪＯＩＣ）と国立研究開発法人新エネルギー・産業技術総合開発機構（ＮＥＤＯ）が策定した「オープンイノベーション白書 第三版」では、イノベーション創出パターンの変遷と類型を次のように整理しています。

- 社会や市場環境、業界動向の変化などの影響を受けて、イノベーションと認識される価値の創出パターンは異なる
- その特徴に基づき、発明牽引《けんいん》型、普及・展開型、21世紀型の3種類に類型化できる

ただし、この整理はオープンイノベーションの流れを端的に表現したものであって、と

イノベーション創出パターンの変遷と類型

イノベーション創出のパターン

- 社会や市場環境、業界動向の変化などの影響を受けて、イノベーションと認識される価値の創出パターンは異なる
- その特徴に基づき、発明牽引型、普及・展開型、21世紀型の3種類に類型化できる

	1900年代		2000年代
	1900年〜1949年	1950年〜1999年	2000年〜2019年
創出類型	発明牽引型の イノベーション創出	普及・展開型の イノベーション創出	21世紀型の イノベーション創出
社会環境	欧米中心の経済 第1次・2次産業革命の影響	先進国中心の経済 IT活用、オートメーション化	新興国の市場・プレーヤーが台頭 ITインフラ・デジタル機器の普及
創出の特徴	・新発明の製品・サービスがイノベーションとなり得る ・製品・サービスの新しい発明そのものに価値が高く、そのまま世に普及	・製品・プロセスの改善の価値が高い ・大量生産・大量消費で普及	・市場の製品・サービスと技術が結合し、新たな価値として提供される ・デジタル技術を用いて、世界の数十億人にスピーディーに展開
事例	発明によって創出される、それまで世界にはなかった製品・サービスの登場	大資本企業による大量生産で、世界に展開・普及させる大量消費を実現	スタートアップやデジタルを活用、効率的・スピーディーに世界へ価値を展開
シーズから普及までの時間軸	◀ 比較的中長期（5〜10年）		比較的短期間（1〜2年） ▶

出典：オープンイノベーション・ベンチャー創造協議会
国立研究開発法人新エネルギー・産業技術総合開発機構
「オープンイノベーション白書 第三版」

りわけ製造業においては、これ以外の要素にも目を向ける必要があります。特に2000年代に関しては、「スタートアップ」や「デジタル」に焦点が当たっていますが、これらだけがイノベーションの糸口であると受け止めては、本質を見誤ってしまいます。オープンイノベーションの型や先端技術領域にも着目することが大切です。

また、イノベーションは提供する製品やサービスそのもの

に対してだけでなく、それを作る開発や生産の現場にも影響します。生産効率化と生産スピードが一層求められるなかで、ＩｏＴ（Internet of Things）やＡＩが組み込まれるようになってきました。

イノベーションの変遷をたどると、もともと日本企業は自前主義が強く、特に製造業は自社の技術こそが競争力の源泉であり、外部の技術を活用しようとする発想はあまりなかったことが分かります。自社内に展開を限定したクローズドイノベーションの手法は、１９８０年代から１９９０年代にかけての、テレビや家電、自動車といった垂直的な製品が中心の市場では確かに大きな成功につながりました。

ところが２０００年以降、製品の高度化・複雑化とＩＴの普及によって状況は大きく変わります。複数の分野が融合する領域が登場し、自社だけでは製品開発を完結できなくなってきたのです。融合する領域の顕著なキーワードとしては、「エコシステム」「モノからコトへ」「ユーザー体験」などがあります。製品の機能自体は飽和しているため、ユーザー体験をどれだけ高められるのかが勝負を分かつカギとなるように変わってきたのです。

この変化の時代を迎えた代表的な業界が自動車業界であり、その潮流は「ＣＡＳＥ」と言い表されています。「Connected（コネクテッド）」「Automated/Autonomous（自動運転）」「Shared & Service（シェアリング）」「Electrification（電動化）」という４つの領域の頭文字を取った造語で、２０１６年にパリで開催されたモーターショーで提唱されて以来、話題を集めている概念です。自動車会社は事業領域を製造から移動サービスにまで広げるようになり、「モビリティ」という言葉もよく聞くようになりました。ＣＡＳＥで求められる技術はあまりに多様であり、内燃機関を前提とする技術だけでは対応しきれません。

また、エレクトロニクス業界でもスマートフォンやインターネットとの接続、エコシステムとの連携が当たり前になりました。代表的な製品がテレビです。視聴者はテレビ局が決めたコンテンツを一方的に受け取るのではなく、YouTubeやNetflixのアプリを操作してオンデマンドで選び取るようになりました。ハードウェアとして映像を高精細化することも価値ではありますが、それに加えて動作の軽快さやスムーズな操作感、コンテンツへのアクセス感を高めることで、ユーザー体験という価値は上昇します。単一機能ではなくユーザー体験の戦いとなれば、周辺技術も重視し、システム全体としての技術の完成度を磨き上げることが重視されます。

一方で、グローバリゼーションによる競争激化や製品ライフサイクルの短縮も、オープンイノベーションの必要性に大きく影響しています。経済産業省「2016年版ものづくり白書」では、デジタル化の進展によって技術革新のスピード化が進み、顧客ニーズの変化も早まるなか、製品のライフサイクルも短縮化の一途をたどっていることが指摘されています。

事業スピードの加速は誰もが実感するところです。自社の技術だけではスピード感に到底ついていけない状況が見受けられるようになっているのです。それはグローバル市場を牽引するような企業であっても例外ではありません。あるグローバルエレクトロニクスメーカーのオープンイノベーション担当者は、「社内で求められるスピード感が速すぎて、社外技術を活用せざるを得ない」と打ち明けていました。グローバルでトップを走るような企業における、スピードを求めるすさまじい内圧が、その方向を社外へと向けていっています。

こうした背景から、オープンイノベーションを組織的に活用する方向が生まれますが、特に組織全体での大きな変化に成功した事例を見ると、そのきっかけは経営層の危機感であることが多いようです。

海外企業では、P&G（Procter & Gamble）の事例が有名です。2001年に当時のCEOであったA・G・ラフリーのリーダーシップのもと、同社は「Connect + Develop」というオープンイノベーション戦略を導入し、自前主義からオープンイノベーションへと大きく舵を切りました。実際の事例は他の成功例とともに紹介しますが、注目したいのは、経営状況が悪化しており、自前主義ではもはや生き残れないという強烈な危機感によって、トップダウンで一気にオープンイノベーション導入へと邁進《まいしん》したというポイントです。

ここまでの話に私の経験による見解を加えると、世界中でオープンイノベーションの活用がスタンダードとなってきている背景は5点に集約できます。

① 製品ライフサイクルの短縮化

② グローバルでの競争激化

③融合領域の登場・技術の複線化・多様化
④単一の製品での競争から、エコシステムやコト・ユーザー体験での戦いへ
⑤オープンイノベーション仲介サービス・ツールの登場と普及

このうち①②③については、すでに一般的にも言及が多く、以前からさまざまな場面で触れられてきました。ここ数年の傾向は、メーカーサイドから④を指摘する声が多くなったことがあります。さらに現在、⑤も加えた5点で語るのが妥当と考えられるようになっています。オープンイノベーションが着目されるにつれ、昨今では企業同士をつなげるプラットフォームや、オープンイノベーションのプログラムを支援するさまざまなサービスが登場し、オープンイノベーション活用が進む背景となってきたことがその理由です。代表的なプレイヤーには、NineSigma、Linkers、Creww、Plug and Playなどがあります。

オープンイノベーションが重要となる「先端技術領域」とは？

グローバル競争が激化する中で、イノベーションの原動力となるのは特に先端技術領域で

す。スピードの面でも領域の広がりの面でも、オープンイノベーションの活用が強く求められます。この文脈での「先端技術」とはどういう領域なのか、改めて確認しておきます。

将来的に有望とされる技術分野については、国や世界的な横断機関が調査研究し、さまざまな形で発表されています。ここでは、興味深い2つの報告書が言及している内容を紹介します。

・国連貿易開発会議（UNCTAD）「技術・イノベーション報告書」（2023年3月）

この報告書によると、先端技術とは、（1）インダストリー4・0、（2）グリーン技術および（3）その他を含める17種類が先端技術とされます。具体的には、AI、IoT、ビッグデータ、ブロックチェーン、5G（第5世代移動通信システム）、3Dプリンタ、ロボット工学、ドローン、遺伝子編集、ナノテクノロジー、太陽光発電、集光型太陽光発電（CSP）、バイオ燃料、バイオマス・バイオガス、風力発電、グリーン水素、電気自動車です。

なお、報告書では先端技術を扱う世界市場の見通しも示しています。過去20年で急成長を遂げた市場は、さらに2020年の1兆5000億ドルから2030年には9兆5000億ドル超へと拡大するものと見込んでいます。2030年の市場規模（推計値）について詳しく見てみると、およそ半分をIoT（4兆4220億ドル）が占め、AI（1兆5820億ドル）、電気自動車（8240億ドル）、太陽光発電（6410億ドル）、5G（6210億ドル）が続きます。ここに挙げた合計が、先端技術市場全体の8割超を占める見通しとなっています。

・World Economic Forum「Top 10 Emerging Technologies of 2023」（2023年6月）

この報告書は世界経済フォーラムが、パートナーシップを結んでいる学術出版社のフロンティアズと、20カ国の90名を超える専門家と共同執筆したもので、世界中のさまざまな視点をとらえています。このなかでは、フレキシブルバッテリー、生成AI、持続可能な航空燃料、デザイナー・ファージ、メンタルヘルス向けメタバース、ウェアラブルプラントセンサ（農業）、空間オミックス（生体分子の可視化）、フレキシブルニューラルエレクトロニクス、サスティナブル・コンピューティング、AIによって促進される医療の10の技術を新興技術として挙げています。

また、それぞれの技術ごとに学者と業界リーダーからなる専門家グループを編成し、今後3年から5年の間にその技術が広く普及した場合の将来に及ぼす影響を予測し、その影響力を1から10までの尺度で評価もしています。

2つの報告書を比べただけでも、それぞれ独自の切り口で先端技術を取り上げており、キーワードも粒度も多様であることが分かります。先端技術の統一定義は存在しないため、私が次世代イノベーション領域の調査・コンサルティングを行う場合には、こうした報告書の内容も踏まえて、独自に整理した先端技術領域を対象としています。

私はまず、先端技術を「①社会課題ドリブン」と「②技術ドリブン」の大きく2つに分類しています。

①社会課題ドリブン

社会課題などの未解決の大きな課題があり、課題解決が必要な分野

気候変動・脱炭素や人口動態などによって、社会構造的にこれまでのレベルとは異なる

大きな対応が迫られていく領域があります。いわゆる社会課題ですが、その解決のためという明確な目標がある技術が該当します。

②技術ドリブン
技術の変化が大きく、産業の競争原理や業界構造が破壊される分野

きっかけが技術の発展であり、それによってさまざまな領域に影響を及ぼすものが該当します。近年では、ChatGPTの登場で脚光を浴びている生成AIが際たるものです。

この大きく2つのトリガーによって登場する技術が複雑に交わり、市場や業界に短期～中長期の一様ではない時間軸で大きな影響を与えていくことになります。

このあとに、具体的なメガトレンド（劇的に変化するテーマ）をおいたうえで、トレンドとなるキーワード（例：食料不足）、そしてその解決に向けて注目すべき技術分野の例（例：代替食）を整理してまとめました。なお、ここで記載したテーマはあくまで例であり、ほかにもさまざまなテーマがあります。

社会課題ドリブンのメガトレンド

メガトレンド① 人口増加と都市部の過密化

- 食料不足……代替食（昆虫食・培養肉など）、農業高度化（精密農業、遺伝子組み換え等）
- 都市部の混雑・渋滞……空飛ぶ車
- インフラ老朽化……スマートインフラ・モニタリングシステム

メガトレンド② 気候変動・カーボンニュートラル

- 脱炭素……ＣＣＳ／ＣＣＵＳ（二酸化炭素回収・貯留・有効利用）
- 電動化……モビリティの電動化（ＥＶ、電動航空機、電動船舶等）
- 脱化石燃料・新興燃料……再生可能エネルギー（太陽光・風力・バイオマス等）、水素インフラ・アンモニア発電・メタネーション等、ＳＡＦなどの持続可能燃料
- 水不足……水生成技術、再生水

メガトレンド③　エネルギー資源の偏在

・新規資源開発……メタンハイドレート、宇宙資源開発、核融合・小型原子炉

・エネルギー供給の多様化……分散エネルギーシステム・マイクログリッド、エナジーハーベスト

メガトレンド④　持続可能性・サステナビリティ

・資源循環……バイオ素材・生分解性材料、ケミカルリサイクル・アップコンバージョン、高効率リサイクル技術、排水中の有価物回収

メガトレンド⑤　高齢化社会の到来と長寿命化

・労働人口の減少……サービスロボット・作業ロボット、プロセス自動化（建設3Dプリンタ、農業収穫ロボット等）

・健康寿命の延伸……未病・予防・早期診断技術（ウェアラブル等）、遠隔医療・モニタリング

技術ドリブンのメガトレンド

メガトレンド⑥ 革新的な技術の発展

・仮想と現実のインタラクション……AR/VRなど拡張現実・メタバース、テレイグジスタンス（遠隔臨場感）
・感性工学
・ユーザー体験最適化……家電・モバイル端末エコシステム
・ものづくりの高度化……デジタルツイン、3Dプリンティング
・計算科学……量子コンピューティング、マテリアルズインフォマティクス
・AIの発展……生成AI・AGI（汎用人工知能）、自動運転
・通信高度化……6GやLEO衛星などの高度通信インフラ、光電融合、次世代エレクトロニクス（透明ディスプレイ等）
・医療高度化……デザイナー・ファージ、再生医療

この一覧から分かるのは、今後のイノベーションのテーマとなる先端技術領域が、ITだけでなく広範な製造業の分野にまたがっており、オープンイノベーションが求められているということです。

先端技術領域におけるオープンイノベーションの型

ここからは本書のテーマである先端技術領域に焦点を当てて、オープンイノベーションの手法を紹介していきます。いろいろなまとめ方がありますが、私の経験上、次の5つに分類できます。

①技術探索型／補完型（アウトサイド・イン）

R&Dや事業開発を進めるうえで足りないリソースや技術を埋めるために、社外のパートナーを探します。主な手法に、テクノロジースカウティング、CVC（コーポレートベンチャーキャピタル）、アクセラレータプログラム、課題解決公募、オープンイノベーションサービス活用があります。

《**事例**》 **ブリヂストン**

ブリヂストンはカーボンニュートラルやサーキュラーエコノミーに力を入れています。タイヤ業界では、毎年世界で約10億本の使用済みタイヤが再利用されず廃棄されるという課題がありました。そこで同社は、炭素回収・ガス発酵技術を持つLanzaTechと提携し、革新的なリサイクル技術の開発を進めることを発表しました。LanzaTechの技術を活用し、使用済みタイヤからエタノールや合成ゴム原料ブタジエンを製造し、PETや界面活性剤などの日用品の原材料として再利用することを目指して開発を進めています。

② 技術提供型（インサイド・アウト）

自社で開発した技術を社外へ提供し、社外のパートナーが事業開発します。主な手法に、ライセンシング、技術移転、スピンオフ、オープンイノベーションサービス活用があります。

《**事例**》 **シグニファイ**

照明製品ブランドの最大手シグニファイ（旧フィリップスライティング）は、

「EnabLEDライセンスプログラム」を通じて、LED照明器具およびレトロフィット電球の特許技術を幅広く共有しています。このライセンスプログラムに参加するパートナーにとっては、開発コストを抑えつつ自社製品をスピーディーに市場へ投入できるメリットがあり、参加企業は一般照明市場だけでなく、ニッチ市場や専門市場にも広がっています。

③ エコシステム型

自社が中心となるエコシステムを定義し、関連する領域の企業をパートナーとして取り込んでいきます。主な手法に、コンソーシアム形成があります。

《事例》 バイドゥ

中国のインターネット検索エンジンサービス大手であるバイドゥ（百度：Baidu）は、同国でのGoogleのような存在であり、AIを核にしたさまざまな事業を展開しています。

自動運転分野のプロジェクト「Apollo」は、スマートフォンにおけるAndroidと似た、自社OSを核にした独自のエコシステム構築を狙った戦略です。自社サービスとして7つのアプリケーションを開発する一方で、それを利用できる開発者・パートナー企業向けのオープンプラットフォームを形成し、ハードウェア〈カメラやLiDAR、レーダーなどのセンサやHMIなど〉、ソフトウェア〈マップエンジンやセンシング処理など〉、クラウドサービス〈高精細マップや燃料データサービス、音声認識HMI〈Human Machine Interface〉のDuerOS〉などを開放しています。

Apolloのオープン化戦略の狙いは、「データのスケーラビリティを確保しスピードを速める」「他社を広く巻き込むことによる自社単独ではできない速さでの社会実装」「自社OS上のアプリケーションが増えることでOSの価値を高める」の3つであると考えられます。2017年の立ち上げ以来、急速に世界中のプレイヤーを巻き込んだ自動運転エコシステムを形成しつつあり、同社は中国における自動運転を牽引しています。

④ 新規事業創出型

大まかな領域を想定したうえで、その領域で自社リソースと社外のアイデアを掛け合わせて新規事業を検討します。主な手法に、アクセラレータプログラム、インキュベーションプログラム、CVC、オープンイノベーションサービス活用があります。

オープンイノベーションとの関わりの有無には関係なく、そもそも新規事業の創出は困難なことです。ある日用品メーカーの方とディスカッションした際にも、①技術探索型はできても、この④新規事業創出型はできていないと明かしていました。ただし近年は、こうした分野に取り組む企業も増えています。

《事例》 アステラス製薬

アステラス製薬では、これまで培ってきた医療用医薬品（Ｒｘ）事業の専門性や知識を活用し、医薬品の枠を超えたヘルスケアソリューションのＲｘ＋（アールエックスプラス）事業を展開しています。同社はペイシェントジャーニー（診断、予防、治療および予後管理を含む医療シーン全般）全体において患者に価値を届ける事業だと説明しており、さまざまなデジタル技術の活用が欠かせません。

そこで同社は、さまざまな企業と提携しています。２０１８年にはバンダイナムコと運動支援アプリでの共同開発契約を締結、米アイオタ社やウェルドック社と新しい医療機器やデジタル治療に関する提携を行っています。

⑤ オープンコミュニティ型

オープンなコミュニティを形成・活用し、幅広い参加者からアイデアを収集します。主な手法に、アイデアコンテスト、オープンソースプロジェクトがあります。日本で目立つのは、不動産ディベロッパーが主体となって形成されるプログラムです。

《事例》 森ビル

森ビルは、虎ノ門ヒルズエリアにおいてグローバルビジネスセンターの形成を目指すなかで、インキュベーションセンター「ARCH」を運営しています。同社の説明では、世界で初めて大企業の事業改革や新規事業創出をミッションとする組織に特化して構想されたインキュベーションセンターであり、豊富なリソースやネットワークを持つ大企業ならではの可能性と課題にフォーカスし、ハードとソフトの両面から事業創出をサポートしているそうです。

CVC（コーポレートベンチャーキャピタル）の流行と進化

オープンイノベーションの重要な手段のひとつに、CVC（コーポレートベンチャーキャピタル）があります。これはオープンイノベーションを志向する企業が、ベンチャー企業への出資を通してファイナンシャルリターンや戦略的リターンの獲得を目指すというものです。

もともとＣＶＣは、１９９０年代以降にアメリカの大企業がオープンイノベーションを推進するなかで、新たなＲ＆Ｄの手法として急速に注目されるようになりました。インターネットの普及に伴い、Intel CapitalやMicrosoft Venturesなどが活発に投資を行い、その後もアメリカで成長したGoogleやSalesforce、Appleなどが数多くの投資を実行してきました。

そしてこの10年ほどで、欧米を中心にＣＶＣの活動が一気に広がりました。世界のＣＶＣの投資金額と件数の推移に関するグラフを見てみると、特に２０２１年から２０２２年にかけてＣＶＣの活動が盛んだったことが分かります。一方で、グローバルでの世界経済の不透明感や、企業の緊縮財政とスタートアップ企業の撤退などの動きから、２０２３年はやや低調になりました。しかし、２０２４年は件数こそ減少したものの、投資金額は前年比で増加しており、ＡＩなどの成長領域に重点的に投資され、量から質への転換が業界で

世界の CVC による投資金額と件数の推移

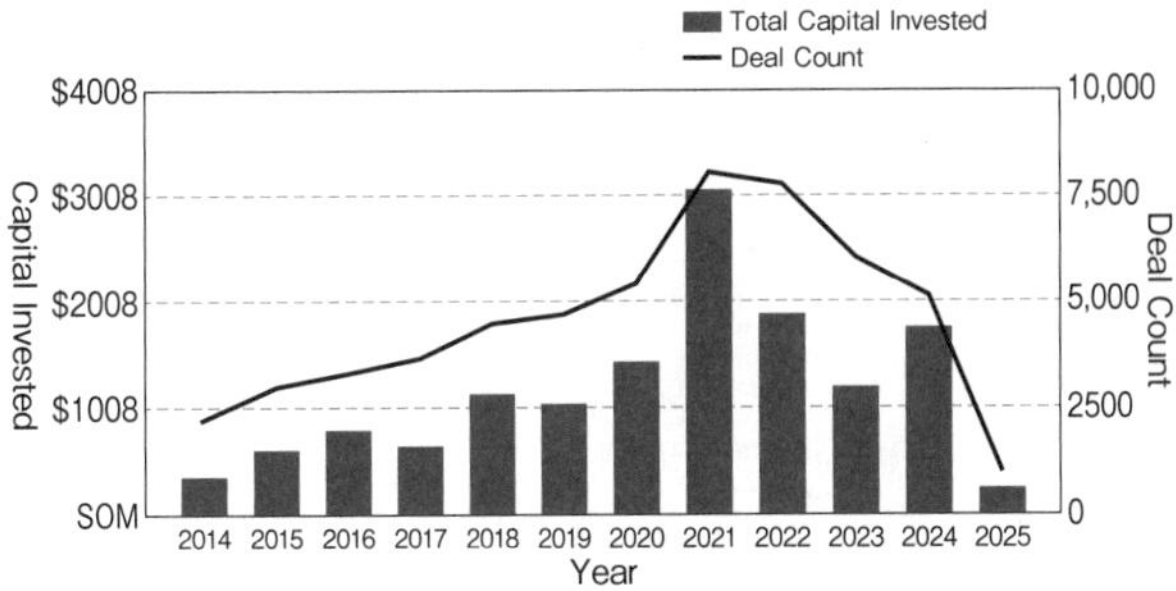

出典：Pitchbook
注1）グラフは2025年3月時点での集計

地域別の CVC 資金調達総額割合

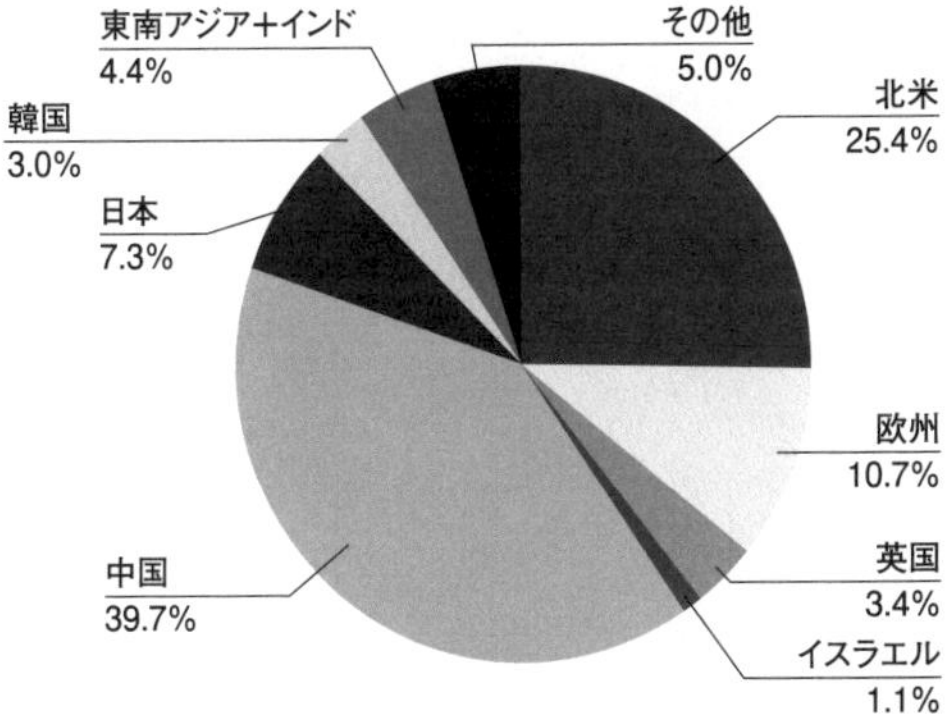

出典：Pitchbook
注1）グラフは2025年3月時点での集計
注2）各国に設立されたCVCの資金総額の割合を示す

日本の属性別投資社数推移

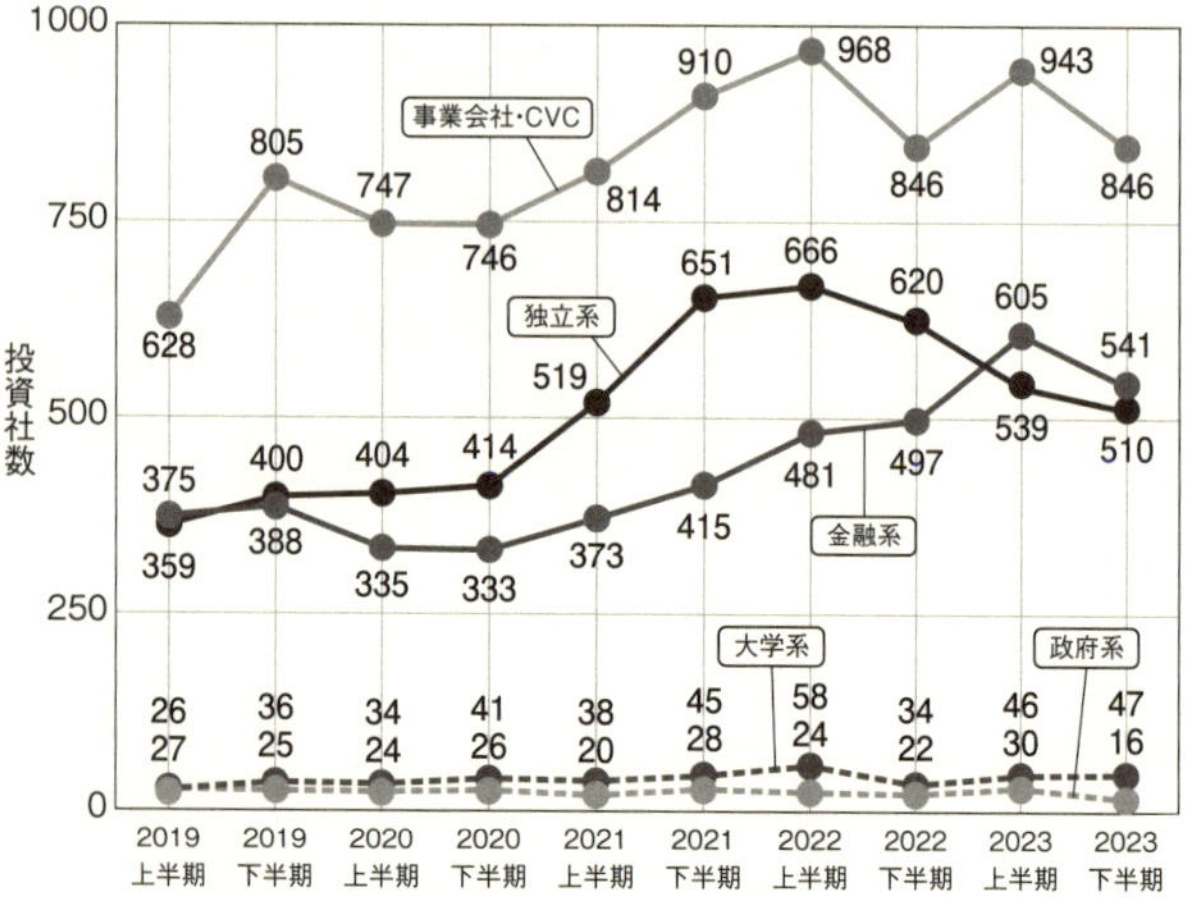

注1：2024年1月8日時点　注2：投資実行日不詳の場合は、発表日時に基づく
注3：一部、融資や社債での調達、関連会社からの調達を含む
注4：今後、各社の登記簿情報の更新にあわせ、合計資金調達金額・資金調達実施社数が増加する可能性がある

出典：STARTUP DB

指摘されています。

ＣＶＣの地域別の動向も確認しておきます。ＣＶＣが過去に組成したファンドの資金調達額は、その多くが北米と中国に集まっています。これはスタートアップのエコシステムの大きさと連動しているものと推察できます。日本はというと、北米や中国と大きく開きがあり、欧州からもやや遅れています。

日本におけるＣＶＣの活動は、アメリカと比べると10年から20年程度遅れている印象でした。しかし近年では急速にＣＶＣが設立されており、投資件数は堅調に伸びています。次から次へと新しいＣＶＣが立ち上がっており、「大ブーム」といってもいい状況です。

前ページのグラフでは、特に「事業会社・ＣＶＣ」の数が増加傾向にあり、すなわち事業会社による投資件数が増え続けていることを示しています。先ほど、世界では２０２３年にＣＶＣの投資金額と件数がやや落ち込んでいることを紹介しましたが、そのなかで、日本は例外だったことが分かります。

それでもＣＶＣの資金調達総額で見ると日本が少ないのは、日本のスタートアップが数でまだまだ劣るだけでなく、ほとんどが日本市場を対象としており、エコシステムも小規模にとどまるなど、小粒であることも要因となっています。

次ページの表では事業会社によるＣＶＣのトップ30（保険以外の金融分野を除く）を上位から並べてみました。これを見ると、上位に入る日本企業の数は少ないことが分かります。また、事業会社と業種にも着目してみてください。ＣＶＣは先端技術の獲得を狙った活動の一環でもあるため、表面的な業種名称だけを追うのでは実態を見誤ってしまうことに注意が必要です。

事業会社によるCVCのトップ30

No.	CVC名	事業会社	親会社の所在国	業種	投資件数（過去5年）
1	GV	アルファベット	米国	IT	452
2	Salesforce Ventures	セールスフォース	米国	IT	430
3	Tencent Investment	テンセント	中国	IT	399
4	Intel Capital	インテル	米国	半導体	264
5	Lotte Ventures	ロッテ	韓国	コングロマリット	219
6	Samsung Venture Investment	サムスン	韓国	エレクトロニクス	200
7	Lenovo Capital and Incubator Group	レノボ	中国	エレクトロニクス	193
8	LAV	イーライリリー	米国	製薬	177
9	Sony Innovation Fund	ソニー	日本	エレクトロニクス	177
10	Z Venture Capital	LINEヤフー	日本	IT	174
11	M12	マイクロソフト	米国	IT	170
12	Bloomberg Beta	ブルームバーグ	米国	メディア	169
13	Baidu Ventures	バイドゥ	中国	IT	158
14	Xiaomi Ventures	シャオミ	中国	エレクトロニクス	152
15	Qualcomm Ventures	クアルコム	米国	半導体	149
16	SoftBank Ventures Asia	ソフトバンク	日本	情報通信	140
17	MS&AD Ventures	MS&ADインシュアランスグループホールディングス	日本	保険	127
18	SAIC Capital China	SAIC	中国	自動車	123
19	Johnson & Johnson Innovation - JJDC	ジョンソン&ジョンソン	米国	医療機器	122
20	Prosus Ventures	Prosus	オランダ	IT	120
21	CyberAgent Capital	サイバーエージェント	日本	メディア	118
22	Shangqi Capital	SAIC	中国	自動車	118
23	Dell Technologies Capital	デル	米国	エレクトロニクス	114
24	KDDI Ventures Program	KDDI	日本	情報通信	112
25	Posco Capital	ポスコ	韓国	製鉄	111
26	Shell Ventures	シェル	英国	石油・ガス	110
27	Hubble Investment	ファーウェイ	中国	エレクトロニクス	110
28	Bertelsmann Digital Media Investments	ベルテルスマン	ドイツ	メディア	107
29	Colopl Next	コロプラ	日本	IT	101
30	China Merchants Venture Capital	招商局集団	中国	コングロマリット	101

トップ3にはアルファベット（Googleの持株会社）、セールスフォース、テンセントとＩＴ企業が並んでいますが、全体ではものづくり系企業による投資が盛んであることが分かります。隣国のサムスンやレノボが世界市場で高いシェアを誇っていることは知られていますが、ＣＶＣで積極的に投資を行っていることも知っておくべきです。また、ＩＴ系でもGoogleやバイドゥのように、自動運転などものづくり領域にも進出しており、先端技術が欠かせなくなっています。

一方、日本企業はものづくり以外の業種が中心という特徴が浮かび上がります。また、ＩＴがものづくり領域に本格的に挑戦している印象はありません。

なお、日本で盛り上がっているＣＶＣ設立ですが、世界ではすでに一巡しており、ＣＶＣとスタートアップとの付き合い方が多様化してきています。スタートアップやベンチャーの資金調達は別の形態へと移りつつあります。企業は従来の株式投資に加え、スタートアップの初期顧客になる「ベンチャークライアント」や、自社内で新しいスタートアップを創出する「ベンチャービルディング」などのアプローチが採用されるようになっています。

ベンチャークライアントモデルは、競争優位の確立および戦略的リターンが望める手法として注目されています。ＢＭＷ（自動車）で生まれ、ボッシュ（自動車）、シーメンス（電気機器）、ロレアル（化粧品）、トタルエナジーズ（石油）、テレフォニカ（情報通信）、エアバス（航空宇宙）、スイス・リーやアクサ（保険）などが採用し、10を超える業種で活用が始まっています。

ＣＶＣ以外の主なオープンイノベーション手法

オープンイノベーションといえば、何をおいてもＣＶＣというのがいまや当然のようになっています。ただし、実際には同様に注目すべき活動手法もあります。特にアクセラレーションプログラム（アクセラレータプログラム）とオープンイノベーションプラットフォームの採用は活発に行われています。

・アクセラレーションプログラムの実施

アクセラレータとは、スタートアップの事業成長を支援する事業者を示し、アクセラレーションプログラムは、大手企業があるテーマについて社内からは出てこないアイデアを求めたい場合などに、スタートアップとのコラボレーションを目指して実施するプログラムです。支援内容は出資のみにとどまらず、各種リソースの提供、事業化に向けた助言やフォローアップも含まれます。最近では政府系機関や自治体などが主催するケースも増えています。

大まかな流れは、まずアクセラレーションプログラムを立ち上げてイベントを開催し、共同で事業を考えてくれるスタートアップを募ります。そして書類選考や面談などを経て参加するスタートアップを決定し、希望に応じて出資を実行します。その後、継続して支援が行われますが、その期間は長くても数カ月間に設定されることがほとんどです。支援期間終了後は発表会を設け、スタートアップ側が成果や事業構想などのプレゼンテーションを実施。成果によっては、さらなる協業の深化などにつなげていきます。

私の印象では、アクセラレーションプログラムの実施をサポートするCrewwの登場や、Plug and Playが日本へ進出したことによって、2018年頃から急速に増えている手法です。ただし、本格的な成果はまだこれからとなるでしょう。

［第2章］

自前主義から脱却できない日本 米・欧・韓でオープンイノベーションが成功している理由を分析する

自前主義が根強く残る日本のオープンイノベーション

ビジネスモデルとしてのオープンイノベーションをチェスブロウが提案し、多くの企業がその影響のもとにその活動に邁進したのが２０１０年代でした。残念ながら、当時の日本は世界の企業と同様にオープンイノベーションの流れに参加したとはいい難いものでした。

その大きな理由のひとつは自前主義です。自社の持つ資源や技術のみを用いて製品やサービスを開発・提供しようとする考え方で、独自性の確保や技術の蓄積がメリットとなるとされます。特に日本企業にはこの自前主義で20世紀後半の高度成長期を勝ち抜いてきた成功体験が根強く染みついていました。オープンイノベーションとは対置的な考え方ですが、一種の企業文化ともなって、今も多くの日本企業の研究開発に影響を与えているとも考えられます。

国内でのオープンイノベーションの動きは、２０１６〜２０１７年頃から一気に加速します。オープンイノベーションの種を探るために、多くの企業がシリコンバレーに駐在員を送るのがブームになりました。その後、2018年頃からは大手企業がスタートアップとの協業を探る動きが盛んになります。各種のアクセラレータプログラムが実施されて大手とスタートアップ間でのPoC（ポック：Proof of Concept）のパイロットプログラムが動き出し、その後のCVC設立へという流れが出来上がりました。このPoCとは「概念実証」や「実証実験」と呼ばれるもので、新しいアイデアが有効でビジネス化の価値があるかを検証し、そのアイデアが投資に値するか否かを判断するために実施され、主に実現性、効果とコスト、具体性が検証されます。

行政がオープンイノベーションを積極的に取り上げるようになったのも、同様のタイミングでした。経済産業省傘下の国立研究開発法人新エネルギー・産業技術総合開発機構が事務局となって、『オープンイノベーション白書』が発刊されます。その第二版には、企業のオープンイノベーション活動の実施率を、日本と欧米それぞれ100社以上からのアンケート結果として、日本企業が欧米の60％程度にとどまることが記載されています（参考：日本と欧米企業のオープンイノベーション活動の実施率 第二版）。

一方、科学技術・学術政策研究所（NISTEP）によって年度ごとに発表されている

日本と欧米企業のオープンイノベーション活動の実施率

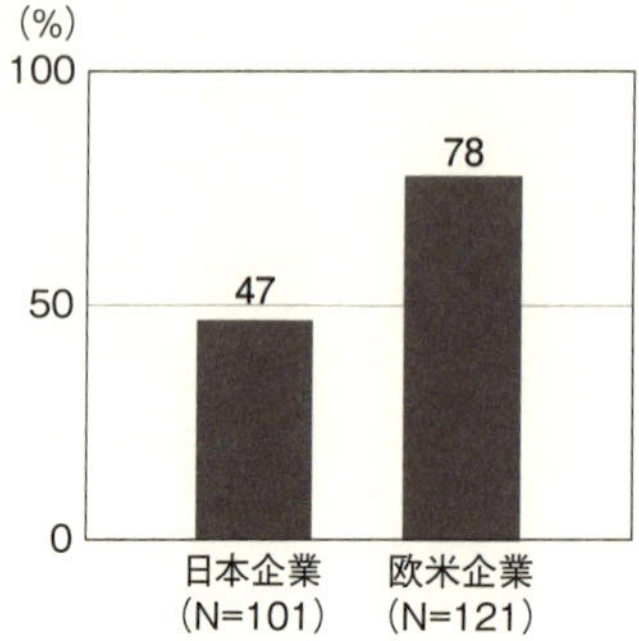

出典：米山、渡部、山内、真鍋、岩田「日米欧企業におけるオープンイノベーション活動の比較研究」学習院大学経済論集第54巻第1号 2017

調査報告では、事業規模を資本金別に1億円以上10億円未満、10億円以上100億円未満、100億円以上と3分類した企業に、外部連携の実施内容の割合を聞いています。全体で見れば、既存事業向けが43・9％、新規事業・既存事業両方が41・1％で拮抗（新規事業向けのみは13・8％）しているようです。ところが資本金100億円以上の大手企業では、新規・既存両方での実施比率は66・6％にも達しています。日本においても、すでに大手企業から積極的に外部連携が行われるようになってきている状況がうかがえます。

個人的な実感からいっても、10年前の状況と現在ははっきりと様変わりしています。事

資本金階級別 既存事業向け・新規事業向けの研究開発における連携の割合

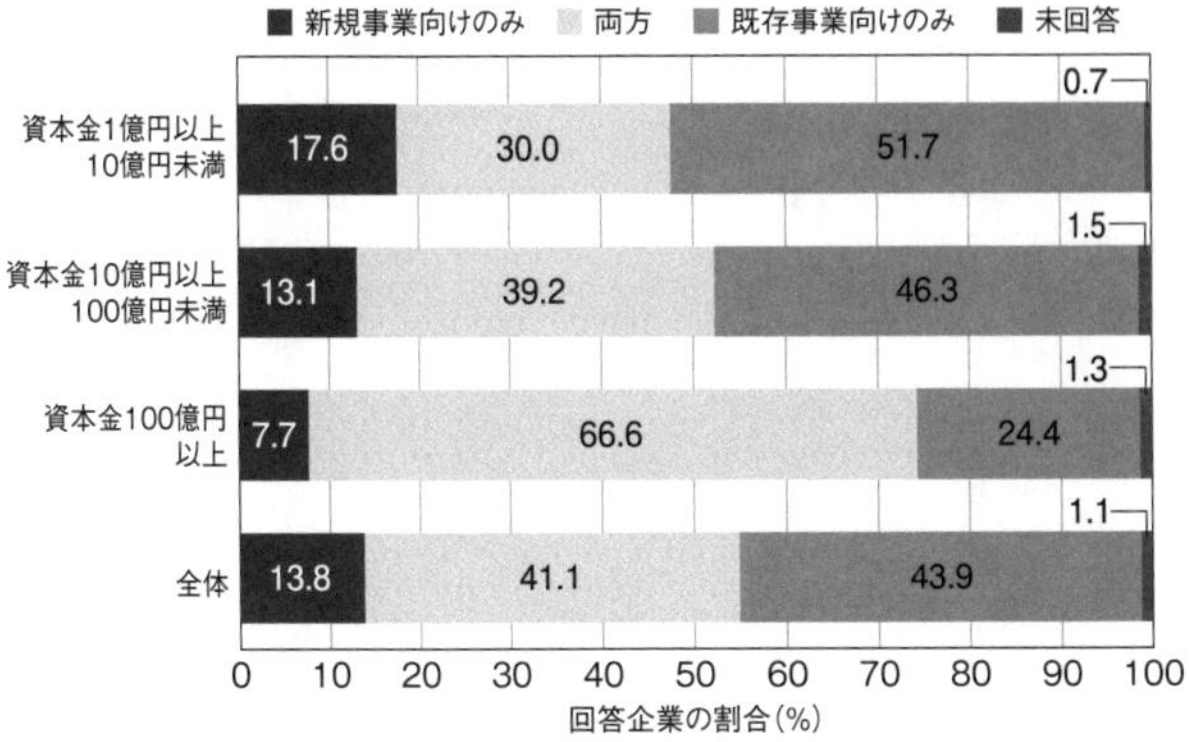

出典：科学技術・学術政策研究所「民間企業の研究活動に関する調査報告2023」

業規模の大きさに応じるように、大手企業の多くでは専門組織が編成され、規模の大小はあってもおしなべてオープンイノベーションの活動が進められている状況です。

ただし、これはあくまでも国内環境でしかありません。多数の企業でオープンイノベーションが取り組まれている一方で、欧米や中国・韓国のグローバル企業の状況と比較すれば、日本企業のオープンイノベーションによる成果はいまだに限定的です。

この傾向は、『オープンイノベーション白書』も認めるところです。実際、2020年の第三版の「はじめに」にはたいへん示唆に富む内容が記載されています。

当初、「オープンイノベーションの効果的な手法や事例を掲載することが予定」されていたにもかかわらず、白書制作の過程でオープンイノベーション以前に、そもそものイノベーション理解の不足こそ問題となってきたことで、結果的に内容が「オープンイノベーションありきで記載するのではなく、その意義や位置づけに関しても本質に立ち返って整理を進めたもの」になったことが記載されています。

これは、「『オープンイノベーションに取り組んでいればイノベーティブである、あるいはイノベーションを起こせると考えている企業』や、『オープンイノベーションをうまく企業成長や価値創出に活用できていない企業』もいるのではないか」という懸念が出てきたこと、そのもとに日本のほとんどの企業が「オープンイノベーションとは何なのか」を理解し、目標とすべき対象や取り組みを実施しながら、世界から大きく評価される結果を生み出していない、という現実があったとしています。

つまり白書の懸念は、知識としてオープンイノベーションを理解し、実際にオープンイノベーションを実施しているにもかかわらず、結果につながらないという本質的な問題です。

これらの問題は根深く、一朝一夕には解決していかないと考えられますが、オープンイノベーションの要点や今後の方向性を考えるうえで、オープンイノベーションで先行する世界の企業を見ていただければ、そこには共通する部分と同時に個々の取り組みがあることが分かります。つまり、成果に結びつく王道のオープンイノベーションの十分条件など存在しない一方で、成果に結びつけるための必要条件のようなものは確実に見えてくると考えられます。

世界企業 オープンイノベーションの分析と成功

最初に、グローバルでオープンイノベーションで成功している企業に共通する内容を挙げます。さまざまな要素がありますが、特に強調したいポイントは次の3点です。

①強烈な社内コミットメント
②組織的な推進体制
③新規事業を生み出す仕組みへの発展

この両者に共通するのは、企業内でのトップまたはマネジメント層が直接的にオープンイノベーションに関わっているという事実です。オープンイノベーションの必要性を理解するとともに、その方向へと一気に舵を切り、組織を整えて実践を重ねることで経験値をため続けていくというのが世界標準です。近年では、オープンイノベーションの活動が、より新規事業を意識した活動へと幅を広げていることも感じ取れると思います。こうした点を意識することが、世界で勝ち残るための重要なヒントと考えられます。

具体事例① P&G（The Procter & Gamble Company：消費財）
オープンイノベーションの先駆者、目的は新興地域市場獲得

P&G（Procter & Gamble）はオープンイノベーションの先駆者です。

P&Gがオープンイノベーションを採用した背景には、1990年代後半から2000年代初頭にかけて業績不振に直面していたことがありました。

1837年に設立されたP&Gは、2023年度の世界全体の売上高が約820億ドル、日本円にして約12兆円に達し、世界70カ国以上で事業を展開し、世界人口の70%の人々がP&Gの製品を利用するほどの広範な影響力を持っています。「暮らし感じる、変えていく」という企業メッセージのもと、革新的な技術とアイデアによって、消費者の日常生活をより良いものにすることを目指すP&Gですが、その事業は世紀が移る前後に大きく落ち込みました。新製品の失敗が相次ぎ多くの事業で市場シェアを失って、工場が多数閉鎖され、大規模なリストラも行われました。

一方、同時期に注目を集めたのが新興地域市場の成長でした。アジア、ラテンアメリカ、東ヨーロッパ、中東などを合わせれば10~20億人にも達する巨大な人口が、自給自足的な生活から、都市部での豊かさのある生活へと移行するタイミングだったのです。この新たな市場を取り込むためにP&Gが認識したのが、地域消費者の価値観やニーズを理解することの重要性であり、自前のマーケティングでは不可能な社内外の人材を活用する必要性でした。

こうした背景のもと、P&Gでは長年社内でブランド戦略やマーケティングの実績を積んできたＡ・Ｇ・ラフリーがＣＥＯとして登場します。彼の顧客視点の取り組みが、新興市場への展開に適していると判断されたのでした。

その主導により、Ｐ＆Ｇは「Ｃ＋Ｄ（Connect + Develop）」と呼ばれるオープンイノベーションの戦略を導入しました。この戦略では、コストを増やさずイノベーション能力を倍にするというシビアな目標達成を掲げて、社内の技術やニーズを外部に公開し、Ｐ＆Ｇが必要とする先進的な外部技術とつなげることが目指されました。

業績に見る具体的な成果は、コンサルティングファームのＰｗＣが運営するＷｅｂメディア「Strategy + Business」によれば、ラフリー就任当初の商業的成功率が15～20％に過ぎなかった一方で、２００８年には同じ成功率は50～60％へと急拡大しました。この数値変化を見るだけでもＣ＋Ｄ戦略がいかに効果を上げたかが分かります。

Ｃ＋Ｄの組織体制

Ｃ＋Ｄが創設されたのは２００１年でした。設立目的は、外部とのパートナーシップを通じて新しいアイデアや技術を取り入れ、Ｐ＆Ｇにとっての新たなニーズに必要な先進的な技術へとつなげていくことでした。

公開されているホームページでは各ニーズがビジネス分野別に整理され、トピック別の検索も可能で誰もがP&Gによって提示されたニーズに直接リンクして情報をアップすることができます。このホームページを通じ、イノベーターは、同時にニーズの事業規模や成功基準など、あらゆる詳細な説明情報にもアクセスできます。

一方、バックエンドではサイトがP&Gのイノベーション・マネージャーと投稿をリンクする仕組みで、こちらもトピックまたは作業分野別に検索することに加え、社内での共有や進捗状況を追跡することもできるようになっています。

初期のC+Dにおいて慎重に心がけられたのは、P&G内部研究開発部門のモチベーション維持の問題でした。研究部門にありがちな一種の自前主義、つまり自分たちのアイデアではないものでプロジェクトを進めることに対する抵抗感を自然な形で克服していくことが心がけられたのです。そこで活用されたのが、「消費者がボス」というスローガンでした。

オープンイノベーションの仕組み拡大

オープンイノベーションの先駆者と評価されるP&Gだけに、部門発足以来年を経るなかで、その活動を、たいへん興味深い新しい外部連携の仕組みへと発展させていきます。それがP&Gベンチャーズ（PGV）です。

オープンイノベーションのスタートアップスタジオとして2015年に設立されたこの組織は、起業家やイノベーターと協力して新しいブランドや製品を創出し、消費者の未解決のニーズを満たすことを目的としたものです。いわゆるCVCのようにとらえられがちですが、出資を目的としたCVCではなく、あくまで社内外のリソースを活用しながら、従来とは違う新しいブランド（製品群）を創出するというものです。C+Dが従来の研究開発の効率化という既存課題解決を主眼においた取り組みだったのに対し、P&Gベンチャーズは新規事業創出を主眼においた専門組織となっています。

P&Gベンチャーズの具体的な目的は次の3つです。

①新しい市場への進出として、P&Gが持たないカテゴリーやマーケットを対象に新しいブランドを開発することを目指しています。具体的な数値目標として「10億ドルブランド」の育成が掲げられます。

②消費者の未解決ニーズへの対応は「消費者がボス」をトレースし、消費者が直面する問題を特定して、それに対する革新的な解決策を提供するための目標といえます。

③スタートアップとの協力はオープンイノベーションの基本とリンクした目標です。起業家やスタートアップとパートナーシップを結び、それらのアイデアを実現するための支援を行います。

このP&Gベンチャーズの活動による大きな成果の具体例が、害虫駆除として「Zevo」というブランドの立ち上げです。Zevoが応えるニーズは「家庭で安心して使える効果的な害虫対策」です。従来の殺虫剤はピレスロイドなど強力な化学成分で害虫を駆除しますが、消費者においては殺虫剤の成分への不安がありました。この課題を解決するために、Ｚｅｖｏでは、まず、光で飛翔昆虫を誘引して捕獲する革新的なプラグインデバイスを開発しました。このコア技術は、米国ボストンのスタートアップを買収したことから来ています。そして次に、ゲラニオールやシナモンオイルなどを使いながら虫の神経受容体だけを攻撃し、人やペットには影響を与えない製品も実現しました。この殺虫成分技術の大本は、米国ノースカロライナ州のベンチャー企業Envance Technologiesから来ています。

ここで重要なポイントは３つあるように思います。

１つ目は、自社が着目する消費者の未解決課題が出発点となっていることです。闇雲にアイデアを探索したり、ベンチャーと連携したりするのではなく、自社が解決するべき課題を決めて、その課題を解くための技術を探した結果、オープンイノベーションを手段として活用して製品を早期に開発したことです。

そしてポイントの２つ目は、ＣＶＣという形にこだわらないことです。Ｐ＆Ｇベンチャーズは出資、買収、共同開発など幅広い手段を必要に応じて取ります。新しい製品を早く世の中に出すために最適な手段を取ることができる柔軟性を持っています。

ポイントの3つ目は、ＰｏＣだけでなく事業を育成する機能＝インキュベーション機能まで持っているということです。通常のオープンイノベーション組織では、ＰｏＣを行うところまでや、事業部に繋げるところまでが役割の企業も多いと思いますが、事業を育成する機能まで持つことで、同組織内でスピーディーに事業立ち上げを行うことができます。

具体事例② ユニリーバ（Unilever：消費財）

サステナビリティの推進

ユニリーバのオープンイノベーションには、サステナビリティとヘルスウェルビーイングに経営資源を集中しているという傾向があります。

世界最大級の一般消費財メーカーで1930年に設立されたのがユニリーバです。同社のコーポレートサイトでは、世界190カ国に事業展開し、商品ブランドは400種以上。利用者は毎日34億人、2023年の全世界売上高は596億ユーロ（約9兆200億円）に達していることが紹介されています。

ユニリーバの特徴は企業の存在意義を「サステナビリティを暮らしの〝あたりまえ〟に」としている点です。実際、環境負荷の低減や社会的責任を強化して、自社からの温室効果ガス排出量は2015年比で74％削減させ、2030年までには製造過程の温室効果ガス排出ゼロを目指しています。

オープンイノベーションの背景と進化

ユニリーバのオープンイノベーションポータル設立は2009年でした。その背景には、当時直面していた複雑な課題と、それらを解決するための新たなアプローチがあったとされます。

オープンイノベーション・ポートフォリオ＆スカウティング・ディレクターのロジャー・リーチによれば、ユニリーバがオープンイノベーションに力を入れた理由は大きく2つです。まず、直面する課題の多くが複雑で困難なタイプのものであったことから、自社内の経験や技術だけでは解決へのハードルが高く、外部の広範な人材の力を借りる必要があったこと。そして解決すべき課題に地域性があることも重要な要因だったとしています。例えば、インドの水問題の解決には現地の公共団体との協力が不可欠で、地域の大学や行政などとのパートナーシップを推進することが重要だと考えられていたのです。

ユニリーバのこの取り組みは、サステナビリティの実現のためのオープンイノベーション推進にほかなりません。実際、同社のサステナブル・リビング・ブランドは他のブランドよりも50％近くも事業成長が速く、全売上高の成長に占める割合でも70％という実績を上げています。

２０１７年には、初の「ユニリーバ・ファウンドリー30 東南アジア・オーストラレーシア」が発表されます。シンガポールのイノベーション施設「Level3」で、「The Unilever Foundry」アジア版を開始しました。スタートアップの募集から協業検討・出資までを「Brief」「Pitch」「Pilot」「Partner」というプロセスで運営します。

「Brief」フェーズでは、プロトタイプが存在しスケールを目指すチームに限定してスタートアップを募集。「Pitch」フェーズは、書類審査を通過したスタートアップ5社程度がユニリーバ経営層にピッチを行い、高評価を得れば最大5万ドルの資金が提供されます。

「Pilot」フェーズではユニリーバのマーケティング部門と3カ月間の試験プロジェクトに取り組み、「Partner」フェーズは、実際にスケールアップしたスタートアップとの提携・協業やユニリーバCVC「Unilever Ventures」からの資金提供が検討されます。

技術募集とCVCによる投資

イノベーションの加速と事業成長を目指して複数のプラットフォームを活用するのがユニリーバの特徴です。例えば組織の形態を問わずに技術そのものに焦点を当てるオープンイノベーションプラットフォーム「yet2.com」を通じて、幅広い分野での先端技術の募集を行っています。

一方、スタートアップ向けアクセラレータプログラム「The Unilever Foundry」での4段階のプロセスは、ユニリーバのビジネスグループと起業家エコシステムとの橋渡しです。主な特徴は、ユニリーバ経営層と共同して未来を共創し、戦略的優先事項に沿って外部エコシステムとのコラボレーションフレームワークを確立するというコラボレーション戦略、外部イノベーションエコシステムとの関係を構築し、ニーズの翻訳、コラボレーション手法の実証、パートナーシップを通じた価値創造を促進するエコシステムアクセス、新しいソリューションの潜在的価値を評価、テスト、決定するプロセスからビジネスへのパスを構築するための検証チェック、そして検証されたソリューションをビジネスに戻し、長期的な影響を確実にするためのスケーリングが一体化している点といえます。

これらの技術募集とCVCの切り分けが行われているのも、ユニリーバならではです。2002年に設立されたのがUnilever Venturesです。一般的な技術募集とは一線を画し、消費者ブランドの育成と成長に特化したユニークな投資戦略を展開しています。その大きな特徴は投資対象と支援内容にあり、主に3つの重点分野に注力します。まず、ビューティー&ウェルネスブランド、次いでコマース&イネーブリングテクノロジー、そしてB2B/エンタープライズテクノロジーです。

戦略的コラボレーションの投資事例のなかでもCVCの支援を受けて急成長を遂げ、一部はIPOや大型M&Aを実現したものも少なくありません。例えば、2023年にIPOを果たした食料品配達サービスのインスタカート、植物由来のスキンケアブランドのボタニカルス、サプリメントブランドのザ・ニューコー、ボディスクラブブランドのフランクボディなどが成功例です。

具体事例③　ロレアル（L'Oréal：化粧品）

デジタル活用×オープンイノベーション

消費財・化粧品という事業分野は、現在オープンイノベーションによって有力な新商品が続々と生み出される代表的な業界といえます。その成功例がロレアルです。

同社のコーポレートサイトによれば、2023年度の売上高は411億8000万ユーロ（約6兆6240億円）で、前年比11％増加しました。営業利益率は19・8％と高収益性を誇ります。主な事業分野は4つあり、売上構成比を見ると、一般消費者向け製品を扱うコンシューマープロダクツ事業（36・8％）、「ロレアル パリ」や「メイベリン」などが含まれます。高級ブランドを展開のロレアル・リュクス事業（36・2％）は「ランコム」や「イヴ・サンローラン」が代表的です。皮膚科学に基づくスキンケア製品を提供するダーマトロジカル・ビューティー事業（15・6％）では「ラ ロッシュ ポゼ」や「セラヴィ」が好調。美容師向け製品を中心に展開するプロフェッショナルプロダクツ事業（11・3％）がそれに続きます。

ロレアルもまた持続可能性に注力し、2025年までに全製品パッケージをリサイクル可能または再利用可能にする目標を掲げています。消費財、なかでも化粧品事業はオープンイノベーションの成果が多く出ている代表事業で、特にデジタル活用による相乗効果が顧客体験の向上と業務効率化の両面で大きな効果をもたらしています。

顧客体験の革新

パーソナライゼーションに関しては、AIを活用した肌診断や製品推奨によって、個人の顧客ニーズに合わせたサービス提供が可能となります。ARやVR技術を活用したバーチャル体験は、バーチャルメイクアップや髪色シミュレーションで顧客の自宅での製品テストにつながります。さらにビデオ通話やチャットを通じて、専門家のアドバイスを受けられるオンラインカウンセリングサービスの可能性も大きいと考えられます。

同時に、デジタル化は業務効率化とマーケティング強化面でのメリットも生み出しました。消費者行動やトレンドの分析により、マーケティング戦略の最適化や新製品開発に活用するデータ分析、製造現場のＤＸ化で生産効率の向上を実現する生産管理システム強化、ＥＣサイトと実店舗の連携強化でシームレスな顧客体験を提供するオムニチャネル戦略、バーチャル空間での店舗展開や商品販売など、新たな販売チャネルを開拓するメタバース活用などが入り口です。

これらの各分野のさまざまなスタートアップをオープンイノベーションで引き上げることで新たな技術やサービスの開発が加速します。実際、デジタル技術を活用して顧客との接点を増やし、より深い関係性を構築することに成功しているのが化粧品業界の現状です。最先端を走るロレアルですが、実はオープンイノベーションに進出したのは２０１２年に過ぎません。時期だけを見れば日本企業がこの分野に参加したタイミングとほとんど異なりません。

その背景となったのは、急速に変化する消費者行動とデジタル技術の進化がありました。２０１０年代初頭からデジタル化と化粧品の親和性に注目したロレアルは、２０１２年に「コネクテッドビューティーインキュベーター」（現在の「ロレアルテクノロジーインキュベーター」）を設立し、本格的なデジタル変革をスタートさせました。

２０１４年は、その後のデジタル戦略を大きく左右する転機となった年です。ＣＤＯ（Chief Digital Officer）として招かれたルボミラ・ロシェがその象徴となりました。マイクロソフトでの経歴を持ちデジタルマーケティングやＵＸ支援を行うValtech社で豊富な経験を積んだ彼女のリーダーシップのもとで、ロレアルは「デジタルファースト企業」への転換を加速させていきます。

デジタル戦略の進展は、人材面にも大きな変化をもたらしました。２０１５年から10年の間に、デジタル人材は約2倍に増加しています。全社的にデジタル戦略の重要性が認識され、実行に移されていることが分かります。２０２４年時点で、ロレアルは２５００人以上のデジタル専門家を抱えており、美容業界におけるデジタルプラットフォームとしての機能を強化しています。実際、最先端の皮膚・毛髪診断技術、生成ＡＩを搭載したパーソナルビューティーアシスタント、創造性を高める生成ＡＩビューティーコンテンツラボなど、革新的な技術の開発と導入を積極的に行っています。また、赤外光に基づいた革新的なヘアドライヤーや、高度なスキンケアを実現するマイクロリサーフェーシングデバイスなど、ハードウェア面でも先進的な製品開発を進めています。

ビューティーテック進展の道程

ロレアルは2016年に、Founders Factoryとの提携を開始。同社はシリアル起業家が設立したテクノロジーベンチャーへのアクセラレータおよびインキュベーターです。提携によってロレアルのロシェCDO自身が取締役会に参加し、美容領域で年間5つのアーリーステージのベンチャー投資と、2つの新会社の設立を目指すことになりました。

2018年には、革新的なスタートアップを支援する自社初のCVC「BOLD」を設立します。BOLDは、マーケティング、R&I、デジタル、小売、コミュニケーション、サプライチェーン、パッケージングでの新しいビジネスモデルに投資し、ロレアルの保有する専門知識、ネットワーク、メンターシップでスタートアップをサポートしています。

一方でグローバル展開の加速も特筆できます。

ロレアルのオープンイノベーション戦略は、グローバル市場を視野に入れた展開が特徴的です。2019年、インドの消費者ブランドに焦点を当てた初期段階の投資ファンド

Fireside Venturesに投資。これによってインドのダイナミックなデジタルエコシステムと新しい消費者ニーズ、特にミレニアル世代に牽引される革新的な消費者ブランドスタートアップを支援する体制を整えました。

同じ年には、中国市場への本格的な参入を見据え、キャセイ・イノベーションのグローバル・ベンチャーキャピタルファンドへの投資も実施しています。大きな成長段階に入った中国のビューティーテックスタートアップを支援する体制構築が目的といえます。

外部のイノベーションに加え、社内のイノベーション促進も注目されます。2019年には、従業員のために設立された初の4・0テクノロジーインキュベーター「MYT(Make Your Technology)」をスタート。MYTの目的は、外部のスタートアップインキュベーターとのパートナーシップで培ったノウハウを内部で実現することです。

アカデミアとの連携も積極的に推進しています。2023年には、カリフォルニア大学バークレー校のバカール研究所と協力し、バイオベースの化粧品試験と製品開発を推進する取り組みを開始しました。これは、最先端の研究成果を製品開発に直接活かすという、ロレアルの研究開発戦略の一環といえます。

オープンイノベーションによる成果

多岐にわたるロレアルのオープンイノベーションは、実質的なスタートから十数年で美容業界にいくつもの革新的な変化をもたらしました。

「ロレアル ビューティー テック アトリエ」プログラムは、美容業界の消費者体験を革新することを目的としたスタートアップアクセラレータです。ホームページから応募が可能で、Digital Services、E-commerce & Social、Data & AI、Gamingなどの分野で革新的なアイデアを持つスタートアップを支援しています。

2018年に設立された「ロレアルビューティーアクセラレータ」は、ステーションFと提携し、主に3つの領域のスタートアップを対象としています。メイクアップ、スキンケア、ヘアケア、フレグランス領域の「インディーズ ビューティー ブランド」、拡張現実、仮想現実、人工知能などのテクノロジー系、そしてデバイス、診断ツール、製品のパーソナライゼーションとカスタマイズなどを含む美容分野のデジタルサービスです。

ほかに、テックカンパニーのPrinkerと提携し開発されたのが、自宅でプロ並みの眉メイクを可能にする電子アイブロウメイクアップアプリケーターのL'Oréal Brow Magic、スイスの環境イノベーションカンパニーGjosaとのパートナーシップから開発した「ロレアル ウォーターセーバー」は水の使用量を大幅に削減できるヘアケア製品です。また、AIを活用したバーチャルビューティーアドバイザーとしてロレアルプラットフォーム上にある10ペタバイトのデータ活用・利用によりユーザーは、自然な対話を通じて美容に関する相談が可能。ハードウェアスタートアップZuviとの共同開発による赤外光テクノロジーを活用した次世代ヘアドライヤーAirLight Proなどが並びます。

ロレアルのオープンイノベーション戦略は、新商品の市場投入までの時間を18カ月から6カ月に短縮しました。同社のアニュアルレポート（2015年）によれば、スタートアップ支援は5年間で30以上の企業支援を達成。2015年度にはEC売上37・9％増を記録しました。特許を取得した100以上の製品（HAPTA）や最大69％の節水ウォーターセーバー開発の技術革新など、オープンイノベーション戦略が、美容業界のデジタル化とテクノロジー革新を加速させる実績は、外部イノベーションを積極的に取り込みながら、自社の強みを活かすという巧みなバランスとユーザー体験の向上と新たな価値創造による代表例と考えて間違いありません。

具体事例④　エアバス（Airbus：航空宇宙）

主要3分野で技術革新を推進

欧州を代表する航空宇宙・防衛産業の巨大企業がエアバス（Airbus）です。

主要3分野で構成される事業分野では、世界規模の航空機製造部門がA220やA320シリーズのナローボディ機から、A330やA350などのワイドボディ機まで、世界中の航空会社へ幅広い民間航空機を提供しています。防衛・宇宙部門では、軍用輸送機や空中給油機、戦闘機（ユーロファイター）などを製造し、各国政府に供給。ヘリコプター部門では、民間および公共市場向けのタービンヘリコプターを製造しています。

エアバスは革新的な技術開発にも積極的で、2035年までに水素燃料を使用したゼロエミッション航空機の事業化を目指すなど、環境に配慮した取り組みも進めています。

オープンイノベーションへの取り組み

オープンイノベーションを積極的に活用し、スタートアップの新興技術発掘に力を入れていることで知られるエアバスですが、その活動の中心は2015年に設立されたCVCであるAirbus Venturesとなっています。

この年、エアバスは「常識を打ち破る革新的な技術力を有するスタートアップへの投資を目的」としてCVCを設立しました。その投資対象分野は航空宇宙関連に限らず、自動運転、電動化、脱炭素、材料、製造システム、次世代コンピューティング、センシング、セキュリティ等、多岐にわたります。同じタイミングで、スタートアップにアクセラレーションプログラムを提供するAirbus BizLabも世界4拠点（フランス・スペイン・ドイツ・インド）に開設されました。

2016年には、シリコンバレー拠点であるA3イノベーションセンター責任者だったポール・エレメンコがCTOに就任し、より機敏で革新的な変革プログラムが推進されるようになります。CTOがエアバス全体のR&Dロードマップを策定し、外部の研究コミュニ

Airbusのオープンイノベーションを実現するための組織

シリコンバレーの技術活用　Acubed エアバス初のイノベーションセンター。シリコンバレーに拠点を置き、AI、自律性、データ分析、ラピッドプロトタイピング、デジタル通信などのさまざまなPJTを推進。	破壊的技術を評価する組織　Airbus UpNext エアバス社の内外から、航空宇宙の未来を破壊するトレンドと技術コンセプトを特定し、それらを潜在的な実行可能な製品として評価する組織。	中国でイノベーションを発掘　Airbus China Innovation Centre 中国深圳にある、中国の急速な技術イノベーションを活用するための組織として設立。
社内・スタートアップ連携　Airbus Central Innovation 社内起業・スタートアップとの連携によりイノベーションを促進。	客室に実装可能性のある技術を実証する組織　Airspace Explorer 客室に将来搭載される可能性のある新しいイノベーションを実証するための組織。	PoCを行い評価する組織　Airbus Flightlab エアバスで開発されるさまざまな将来技術の概念実証を達成するための主要な手段として飛行試験を行う組織。
Corporate Venture Capital　Airbus Ventures 航空宇宙産業に影響を与える新興企業に独自に資金を提供し、サポートする組織。より初期段階の技術にフォーカス。	社内起業や成熟スタートアップの発掘　Airbus Scale 共同出資による収益性の高い本格的なビジネスを構築および成長させる機会を特定し、開発する組織。	最先端サイバーセキュリティ研究　Airbus Cyber Innovation 世界中のサイバーセキュリティ研究イニシアチブやプロジェクトを通じてサイバートレンドを監視し、特定する。

ティとのコラボレーションを奨励し、特に技術的・科学的専門家とのオープンイノベーションを通じてパートナーシップを発展させる責任を負う体制が取られます。現在、同社内には９つのオープンイノベーション関連組織が整備され、各組織に明確な役割が与えられ、イノベーションの創出が進められています。

Airbus Venturesの投資戦略

Airbus Venturesは、航空宇宙産業に影響を与える新興企業へ独自に資金を提供する独立した部隊として設立されました。ファンド規模は投資総額

Airbus Venturesの投資分野（2020～2023年）

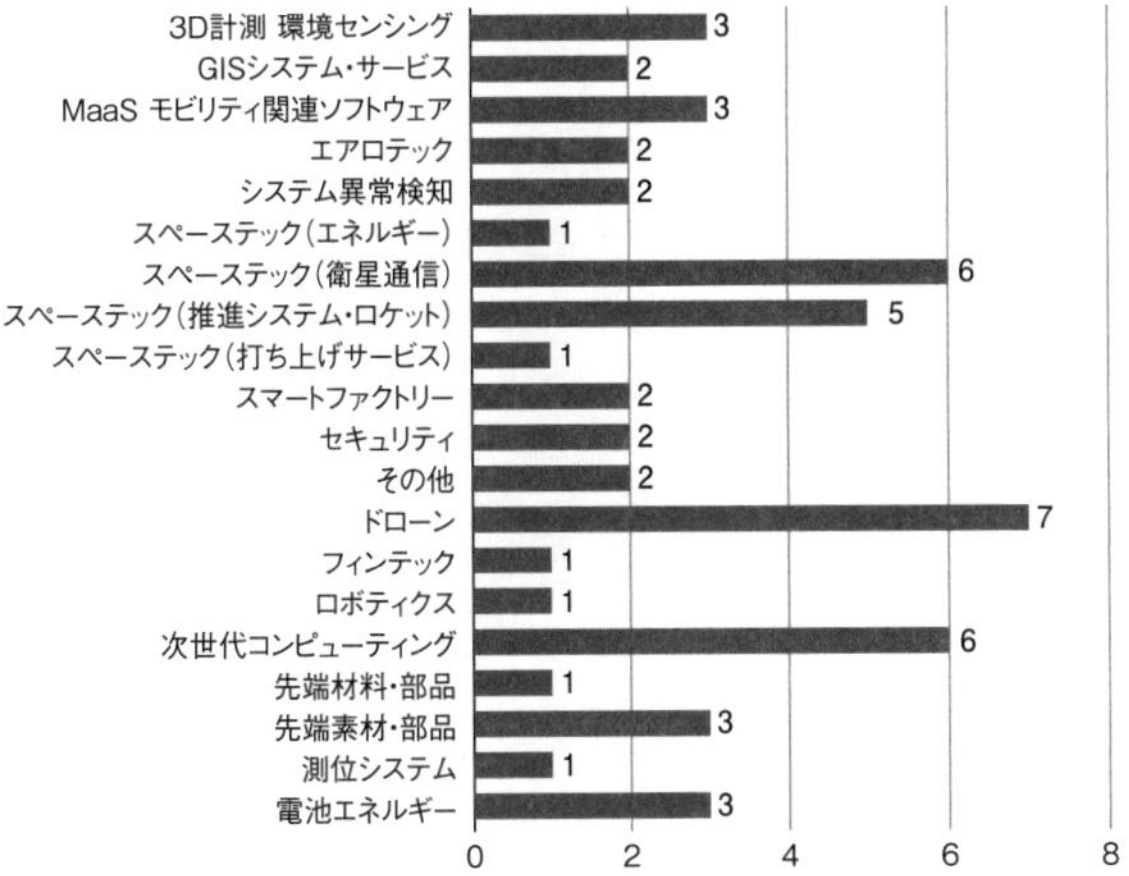

（単位：件）

1億5000万ドルの1号ファンドから現在は4号ファンドまで立ち上がっています。設立から約8年で、Airbus Venturesは54のスタートアップへ合計85件の投資を実施しています。多岐にわたった投資分野には、スペーステック、ドローン、次世代コンピューティング（量子コンピュータ等）、先端素材・部品（繊維素材や半導体）などが含まれます。

投資フェーズに注目すると、シリーズAまたはBに対しての投資が全体の67%を占めており、ラウンドのシリーズ定義が不明なVentures - Series Unknownも含めると、投資総額のおよそ8割がシリーズAからB前後に類するものです。

つまり、同社のCVCの投資傾向は、技術開発がある程度進み、実証可能なフェーズに達したスタートアップを重視しているということが分かります。

Airbus Venturesの第一の特徴は、手触り感のある既存事業やその周辺に活かせる領域への投資となっています。例えば、航空機や衛星の組み立て検査に活用可能な3次元計測LiDAR、工場内における運搬効率化に貢献する工場内ドローンや、航空機や衛星の部材への利用期待が大きい半導体や先端材料・リサイクルといった対象への投資です。

2番目には、短期的活用と中長期的なイノベーション技術のバランスが取れていることです。

現状事業分野へ短期的に活用可能な技術への投資をメインとするAirbus Venturesですが、同時に中長期を見据えて事業に破壊的な影響をもたらし得る領域に関しての投資も重視しています。特に注目すべきは量子コンピューティング分野への積極的な投資です。

重要技術の育成スタンス

新たな技術を積極的に自社へと取り込んでいこうという意思に加え、Airbus Venturesの投資戦略には、先端技術を率先して育成し、イノベーションをリードするという意図が見られます。

先端技術分野では、将来が読みにくく実用化までの時間が比較的長期化する一方で、実現した際の産業への影響が非常に大きなものとなり得る領域を扱うという特徴があります。スタートアップとのコミットメントとしてCVCを活用し、先進的なオープンイノベーションを実行してきたのがエアバスです。現在の中心事業である航空機開発・製造から、さらに先の航空宇宙産業の未来を見据えた投資活動の展開に早い時点から取り組んでいます。Airbus Venturesの投資戦略は、短期的な事業シナジーと中長期的な破壊的イノベーションのバランスを取りつつ、重要技術の育成に注力するものです。

エアバスのオープンイノベーションイニシアティブは、小規模企業や新興企業との連携強化が目的です。スタートアップの革新的なアイデアや技術をエアバスと結びつけるためのプラットフォームが提供されると同時に、社内でのアイデア共有を促進するために、「IdeaSpace」というプラットフォームも導入しています。全社員が参加可能であり、提案されたアイデアは具体的なニーズに基づいて評価されます。これにより従業員が自らのアイデアを実現できる環境を提供し、組織全体で革新文化を醸成することにつながっています。

具体事例⑤　サムスン（Samsung：エレクトロニクス）

3つのCVCによるスタートアップ投資

サムスン（Samsung）は1938年の創業で1960年代にエレクトロニクス分野に進出し、1970年代には半導体事業に着手。その成功で世界的なテック企業へと成長し、現在ではスマートフォン、テレビ、半導体などの世界的メーカーとして知られています。

スマートフォンやタブレット、ウェアラブル端末などを手掛け、2023年第3四半期にはサムスン全体の約38・7％を占める216億ドルの売上を記録したのがモバイルエクスペリエンス（MX）部門です。これに半導体（DS）部門が続いて、メモリチップやシステム半導体、ファウンドリ事業は2023年通年で全体の約23・7%を占める66兆6900億ウォンの売上がありました。一時はサムスンの代名詞だったLCDやOLEDディスプレイ(事業用・民生用)製造は約21・8%です(出典:サムスンコーポレートサイトIR情報)。

世界のモバイル業界最大手であるサムスンは、数あるテクノロジー企業のなかでもオープンイノベーション戦略、特にCVCの活用で知られており、「Samsung Ventures」「Samsung NEXT」「Samsung Catalyst Fund」という3つのCVCによってスタートアップへの投資を行っています。この3CVCは投資対象によって棲み分けられており、ビジネス強化・エコシステム拡大・技術強化が掲げられています。世界中で複数の分野(人工知能、バイオテクノロジー、半導体、IoTなど)を対象に大規模な投資を継続しています。

エコシステム構築に向けたオープンイノベーションの推進

単体製品からエコシステムへの戦略転換へとサムスンが動き出し、自社エコシステムの構築をスタートしたのは2012年頃です。CSOに就任した韓国系アメリカ人のヤン・

ソン（Young Sohn）はAppleとの競争を意識し「Appleの強みは商品のみならず、クラウド連携するエコシステムである」と指摘し、製品単体からエコシステムへの戦略転換を推進しました。

当時、世界一のデバイス供給メーカーとなっていたサムスンは、一方でそれらを相互に連携するエコシステムの点から見るとAppleに比べて大きく遅れていました。状況を解消して逆転へとつなげるためには、内外問わず適切な人材やソリューションを活用するオープンイノベーションが重要です。そこで世界中のスタートアップへの投資と技術革新促進をテーマに、3つのCVCと4つの専門組織に明確な役割を与え、トータルなイノベーション創出に向けて連携が図られる体制を構築したのです。

CVCの3ファンドは、ビジネス強化CVCである「Samsung Venture Investment」、エコシステム拡大のためのCVCとしての「Samsung NEXT」、技術強化CVCである「Samsung Catalyst Fund」であり、これに4つの専門機関として、技術強化の「Samsung Research America」、技術強化・学術連携の「Global Research Outreach」、エコシステム拡大・アクセラレータプログラムとしての「Samsung Mobile

Samsung Ventures と Samsung NEXT の投資分野(2020 〜 2023 年)

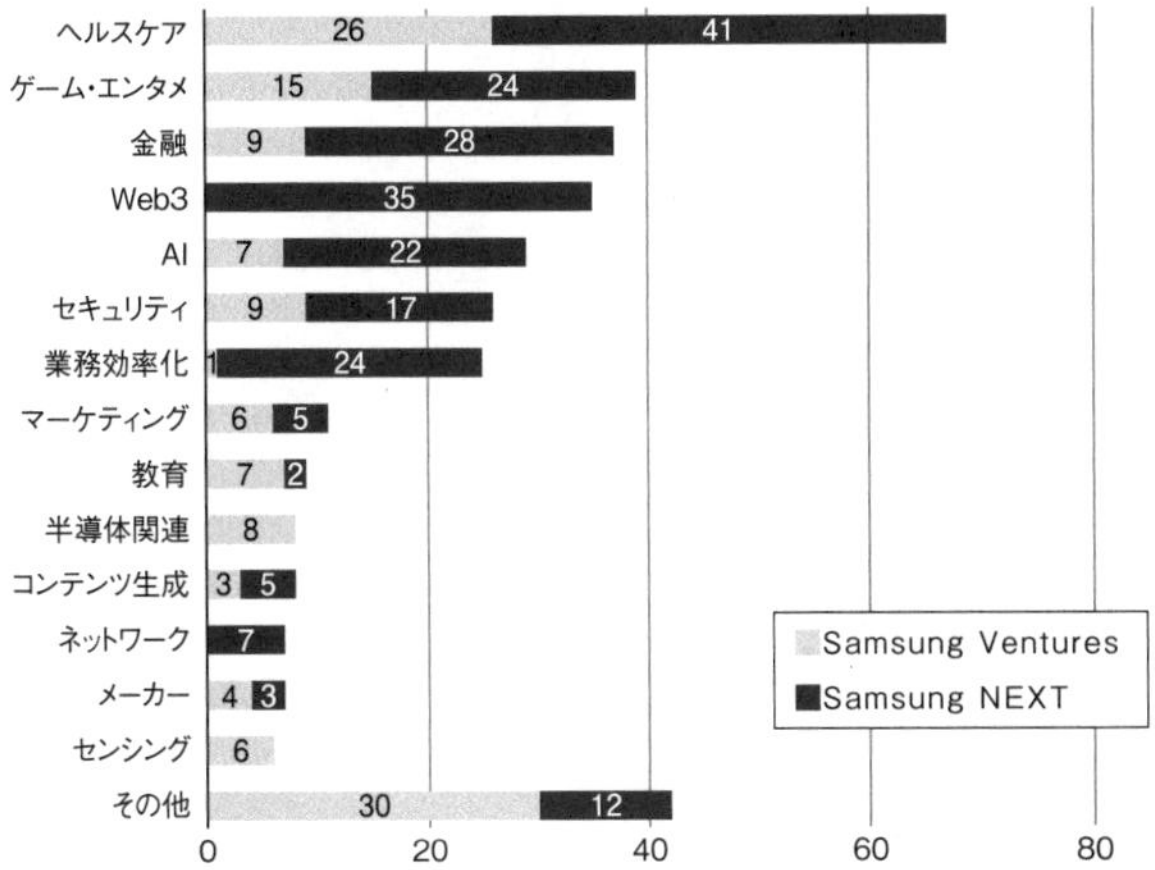

(単位:件)

Advance」、そして事業創出の「C-lab」が組織されています。

CVCの投資実績は2020年度以降だけでも400社を超えています。投資件数の多いSamsung VenturesとSamsung NEXTの投資対象を分野別に見ると、圧倒的多数を占めるのはヘルスケア、それにゲーム・エンタメ、金融、Web3、AIが続く形です。サムスンの既存事業と親和性が高い事業分野への積極的な投資が行われている可能性が大きいと判断できます。

組織としてのオープンイノベーション戦略対応

オープンイノベーション戦略に関して注目度の高い海外企業に共通する傾向ですが、サムスンを代表例として注意したいのは、ＣＶＣの責任者に事業部門の現役エグゼクティブやそのＯＢが就いていることです。

実際、Samsung Venturesの社長のキム・イテは、本体のSamsung Electronicsの戦略およびグローバルコミュニケーションの責任者を務めていた人物で、Samsung NEXTの社長デイビッド・リーは同じくSamsung Electronicsのエグゼクティブバイスプレジデントでもあります。

実際の事業の意思決定に深く関わった人材がＣＶＣのトップにあって投資の決定権を握っているのです。このことでＣＶＣの活動と事業部門の戦略の一貫性が確保されているのがサムスンであるといえます。

事業課題を解決する技術探索型のオープンイノベーション組織

また、同社のオープンイノベーション部門は専任組織であり、本社側に数十人規模の大規模な人員が配置されていることも知られています。この本社のオープンイノベーション部門は、各ローカルに配置されているサテライトのオープンイノベーション担当から大量の技術に関するレポートを受け取っており、事業部門のニーズに合う短期視点での技術や課題解決に貢献する技術を評価しています。この点もスタンスが非常にはっきりとしており、成功のポイントとなっているでしょう。

一貫したオープンイノベーション実施にあたって重要なのは、会社を挙げた強烈なコミットメントと、事業部門の方向性と合致した戦略的な活動です。経営トップ層以下の全社的な方針をベースとした「明確な活動戦略の策定」「事業部門との密接な連携」「グローバルな視点での投資先・協業先の発掘」「圧倒的な活動量」がサムスンの特徴であり強さとなっています。

具体事例⑥　ＬＧ（LG Corporation：エレクトロニクス）

スマートライフソリューションカンパニーを志向

ＬＧエレクトロニクス（以下ＬＧ）は、韓国を代表する総合家電メーカーとしてサムスンと並ぶ存在です。同社コーポレートサイトのＩＲ情報によれば、幅広い事業展開により、２０２３年の連結売上高は約６４０億ドル（約84兆ウォン）に達し、３年連続で過去最高を記録しました。

ＬＧにとっての目標は２０３０年までに売上高１００兆ウォン（約７７０億ドル）の達成です。そのために取り組んでいるのが、Ｂ２Ｂ事業の拡大やプラットフォームベースのサービス事業への転換であり、同時に環境に配慮した製品開発にも注力して２０５０年までに全事業運営を１００％再生可能エネルギーに移行することを目指しています。家電メーカーの枠を超えた、「スマートライフソリューションカンパニー」への脱皮を志向しています。

オープンイノベーションの背景とスタート

2010年、LGは深刻な業績不振に直面します。その背景となった第一の要因は、主にスマートフォン市場での競争力低下でした。当時、競合他社との開発競争に後れをとったことが、市場シェアの大きな後退へとつながりました。同年に、携帯電話事業が初めての赤字に陥り、企業全体の収益を圧迫してしまいます。

これをきっかけにトップに立ったク・ボンジュン（Koo Bon-joon）CEOは、企業の競争力増進のために過去の成功体験から脱皮した革新の必要性を強調し、その過程でオープンイノベーションが動き出します。

実際、2016年に発売された「LGスタイラー」は大ヒットします。これは衣類のリフレッシュ、除菌、消臭、しわ取りが可能な製品で、スチーム技術を利用し、衣類をハンガーにかけてセットするだけでケアが可能で、外部の研究成果を取り込んで製品化されました。

外部からの知見活用によって、より革新的な製品が誕生するというこの事例もあって、

2017年に同社は幹部を集めた全社方針で、「競争面での内外の経営環境はますます厳しくなっている」という認識をもとに、持続的な成長を達成するための戦略再考が促されます。

オープンイノベーション進展の経緯

LGエレクトロニクスをはじめとする複数企業から構成されるLGグループでは、企業グループの多層構造が、各企業が独自技術や市場に特化しつつ、相互に連携することを可能としています。そこでいち早くオープンイノベーションに舵を切ったLGが2018年に設立したのが「LGサイエンスパーク」です。韓国ソウルに位置する大型のR&D複合施設で、総床面積は100万㎡以上、サッカー場約152面分に相当します。パーク内には「SUPERSTART Lab」と名付けられたスタートアップ支援施設も設置されました。同施設では、スタートアップとLGの技術者が協力し、革新的なアイデアを育成するためのプラットフォームが提供されていて、未来を準備するという目的のための相互協力の空間として機能しています。

また、同じく2018年にはグループのオープンイノベーションを支えるCVC部門として「LGテクノロジーベンチャーズ」がスタートしました。LGサイエンスパークと並行してグループのオープンイノベーションを支える両輪のひとつとなります。LGテクノロジーベンチャーズのWebサイトによれば、現在、8億5000万ドル以上のファンド資産を管理するまでに成長していますが、主な投資先技術は、人工知能、モビリティ、先端材料、ライフサイエンス、次世代ディスプレイ、モバイル、5Gとなっており、それぞれ初期段階のスタートアップへの資金提供を行っています。出資先がグループ内の企業と戦略的パートナーシップを構築できるように支援することで、双方の企業価値向上につなげるのが基本方針です。

革新的なオープンイノベーションとしてのLG NOVA

LGのオープンイノベーションに関しては、もうひとつの仕組みと組織が非常に重要です。そのLG NOVAは、2021年にシリコンバレーに設立されました。「生活の質を向上させる」というLGグループの大目標に向けて、最先端の場所で最先端のアイデア育成が設立のベースとなっています。設立にあたっては、企業が成長を望みながらいまだ事業を展開していない分野に目を向けることが重要視されました。

当初から毎年スタートアッププログラムの募集を行った結果、2024年までの3年間で、スタートアップからの応募件数は4000を超え、そのうち100社以上が審査をクリア。合格した事業が、LGの支援を受けながら新事業に向けた活動に邁進する仕組みです。スタートアップのなかには、AI技術を活用したデータ分析ツールや、スマートホーム関連、ヘルスケア等の技術も含まれています。これにより、LGグループは自社の製品に新たな機能を追加し、競争力を高めることに成功しました。また、モビリティ分野においても、LG NOVAは自動運転技術や電動車両関連のスタートアップに投資し次世代のモビリティソリューション開発で、持続可能な交通手段の提供を狙っています。そして2024年5月には初の新規事業「Primefocus Health」が発表されています。このPrimefocus Healthは、病状の進行を在宅でモニタリングし、ケアするプラットフォームであり、患者のケアにかかる医療費を削減することを狙っています。詳細はまだ開示されていませんが、革新的で非侵襲的なテクノロジーと遠隔モニタリングを活用したソリューションとなっているようです。

具体的なLG NOVAによるサポートは、スタートアップ支援プログラム、新規事業の創出、コラボレーションの促進と考えられます。毎年ラスベガスで開催される国際展示会のCESでは、このLG NOVAのブースが毎年大きく構えられ、そこでは、社外技術とのコラボレーションによる、さまざまな新規事業の種としての取り組みを見ることができるのもとても印象的です。

自社の課題解決のためのオープンイノベーションから一歩進めて、新しいビジネスを作るという事業開発は、当然、難易度が急激に上がります。スタートまでの時間もさらに必要になり、実際、ひとつ事業を生むのに非常に苦労していることは十分理解できます。それでも継続できるのは、経営トップの強い意志と社内コンセンサスのバックアップがあるからでしょう。

イ・ソクウ初代代表は「イノベーションについて語るとき、それは会社だけのイノベーションではありません。インパクトをもたらすイノベーションでなければなりません。それはLGの枠を超えています。私たちは1プラス1が3になる世界を創りたいのです」と外部の記事でインタビューに答えていました。このソクウ氏は、LGエレクトロニクスのイノベーション担当コーポレートエグゼクティブバイスプレジデントであり、MITテクノロジーレビューの「35歳未満のトップイノベーター」に選ばれたこともある、トップ人材です。こうした人材を配置し、その代表が高い目標を掲げてコミットメントしている様子がうかがえました。

スタートアップを事業サポートするアクセラレータプログラムとして始まったLG NOVAでしたが2023年に自らの2つのファンドを立ち上げます。

「NOVA Prime Fund I」は、LGと世界的な投資顧問および資産管理会社であるClearbrookの合弁事業で1億ドル以上の投資を目標としています。画期的なテクノロジーで次世代の持続可能なビジネスソリューションの形成を目指す初期段階のベンチャーに重点をおいて、LG NOVAのプログラムに参加している企業に、投資資本の少なくとも80%の投資が目処です。

もうひとつの「NOVA Capital Alliance」は、スタートアップ企業の事業創出とイノベーション開発に資金を提供し、支援する潜在的な投資家のネットワークという位置づけになります。プログラム参加企業の投資はプライムファンドが大きく行っているため、こちらはＬＧ ＮＯＶＡそのものの運用のための投資機関とも考えられます。
アクセラレータからＣＶＣ機能を獲得するに至って、ＬＧ ＮＯＶＡは一貫したオープンイノベーション体制を構築しつつあります。

［第3章］

オープンイノベーションが進まない原因は組織全体の連携不足 経営層と現場の「目的のズレ」がオープンイノベーションを妨げる

シリコンバレーで苦戦する日本企業の活動

ここまでに述べてきたように、日本企業のオープンイノベーションの取り組みは拡大していますが、必ずしも期待される成果を上げられていない企業も多く存在しています。本章では、こうした多くの日本企業が直面する課題感を整理していきます。

本論に入る前に、一時期、日本企業の間でブームとなった米国シリコンバレーへの駐在派遣について触れておきたいと思います。２０１６～２０１８年頃、日本企業によるシリコンバレーの駐在が急速に増えていきました。ちょうど大手企業とスタートアップの協業がブームとなり、イノベーションの震源地としてのシリコンバレーが注目されたのです。この時期、私自身、日本の本社側からも、シリコンバレー側でも、複数の日本企業の活動を支援しました。しかし、日本企業はここで多くの課題に直面することになります。この課題について、長年、研究課題としてシリコンバレーの状況を取り上げてきたスタンフォード大学アジア太平洋研究所の櫛田健児研究員（肩書は当時）は、シリコンバレーの日本企業が陥るワーストプラクティスという形で、日本企業の課題を鋭く指摘されており、たいへんインパクトがありました。私自身も、シリコンバレー拠点の活動を支援する中で、いろいろと感じたこともあります。特に櫛田先生も指摘をされていた、「ふわっとした情報集めや、戦略パートナー探しをミッションとする」という課題は、当時多くの企業に当てはまっており、私自身とても実感したのを覚えています。そして、現在においてもやはりまだこの課題は根強く残ってしまっていると感じています。

シリコンバレーで直面した課題というのは、本書のテーマである先端技術領域のオープンイノベーションにおいても、多くのことが共通します。当時から今まで、本質的な課題はまったく変わっていませんが、改めてオープンイノベーションの視点で、この課題について整理をしてみたいと思います。

オープンイノベーション、レイヤーごとの課題

オープンイノベーションの課題は多岐にわたり、その要因は決してひとつに求められるようなものではありませんが、大きく、「経営」「戦略」「オペレーション」のレイヤーに分けて整理することができます。ここでは、オープンイノベーションの10の課題と定義し

ます。

経営レイヤーでの課題

まず1つ目は経営レイヤーでの課題です。

本質的にはこの部分がいちばん根深い問題点といえます。なぜならば、いかに戦略やオペレーションを実行しようとしても、経営レイヤーからしっかりと取り組まなければ、組織への浸透が難しくなるばかりか、取り組みが長続きしにくかったりするためです。しかし残念なことに、さまざまな日本企業の活動をサポートしてきた経験から見て、経営層レベルでのこの点への理解はまだ不十分であると強く感じてしまいます。

① 目的やゴールの曖昧さ

もっとも大きな問題として指摘されるのは、「目的やゴールの曖昧さ」です。オープンイノベーションで成果が上がらない原因も、この問題と大きくリンクするでしょう。

2010年代の半ば頃に、よく明確な目標を与えられることなくシリコンバレーへの駐在

オープンイノベーション　レイヤーごとの課題

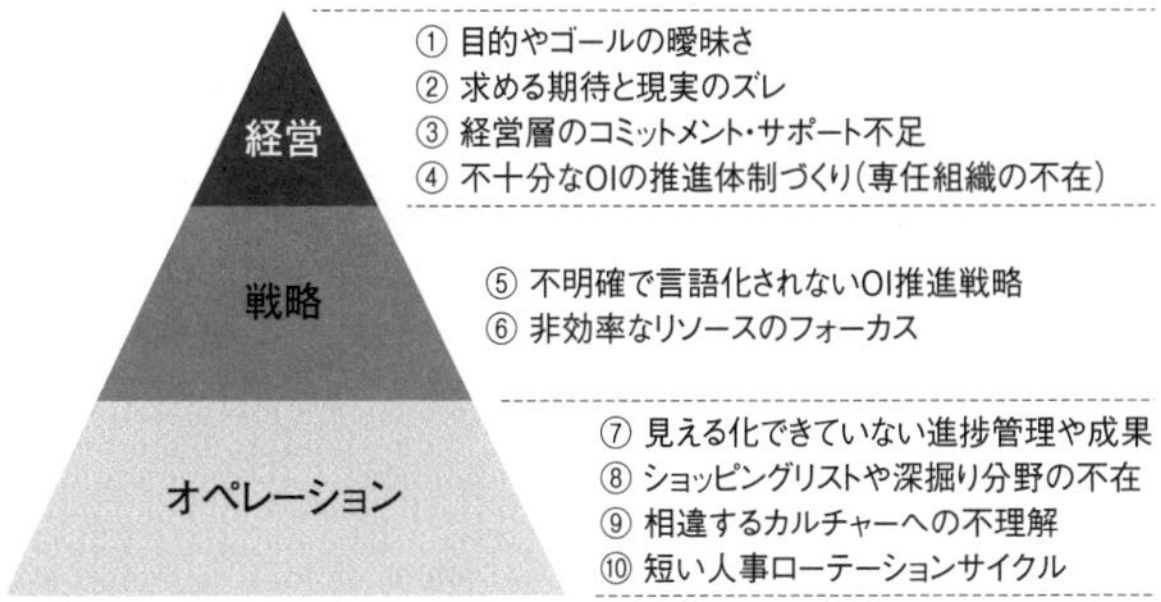
経営
① 目的やゴールの曖昧さ
② 求める期待と現実のズレ
③ 経営層のコミットメント・サポート不足
④ 不十分なOIの推進体制づくり（専任組織の不在）
戦略
⑤ 不明確で言語化されないOI推進戦略
⑥ 非効率なリソースのフォーカス
オペレーション
⑦ 見える化できていない進捗管理や成果
⑧ ショッピングリストや深掘り分野の不在
⑨ 相違するカルチャーへの不理解
⑩ 短い人事ローテーションサイクル

員派遣があったことはすでに述べました。その結果としては、大きな成果が出た日本企業は一部を除いて多くはなく、スタートアップや投資家との強固なネットワーク構築や、最先端技術の実地検証などに進んだ例は少なかったように思います。国立研究開発法人新エネルギー・産業技術総合開発機構が2018年に「オープンイノベーション白書第二版」で発表した調査結果でも、オープンイノベーションに取り組む日本企業の約40%が「活動の目的や方向性が不明確」であると回答しています。オープンイノベーション活動を行う組織の多くで、目的やゴールが明確ではないため、効果的なアクションに落とし込めていない例が見られます。

その状況が実際の成果量や内容に直結するのは当然

です。この課題を克服するためには、企業がオープンイノベーションを通じて何を達成したいのか、具体的なゴール設定が必要となります。例えば、5年後に100億円の新規事業を創出する、研究開発を30％効率化するなどの目的を明確にすることは大前提です。これによってオープンイノベーション活動の方向性が定まり、リソースの効果的な配分が可能になるのです。また、目的の明確化は社内外のステークホルダーとの共通理解を促進し、スムーズな協力体制の構築にも必要になってきます。

② 求める期待と現実のズレ

次に、「求める期待と現実のズレ」という問題も大きく立ちはだかります。オープンイノベーションに「とにかく何か新しいものを生み出そう」という過大な期待を抱いている企業が非常に多く見られますが、それは幻想に過ぎません。オープンイノベーションは魔法の杖ではありません。間違ったこのような思い込みに加え、コミュニティ形成さえすれば何かが生まれるという勘違いも散見されます。実際には、明確な目的を定めた地道な活動がベースにあることが、必須要件なのです。

オープンイノベーション＝新規事業という認識は、日本企業には特に多いと感じます。また、スタートアップが過度に注目されているのも、この数年の傾向です。しかし、オープンイノベーションは、必ずしも新規事業の創出だけを目的とするものではなく、既存事業の強化や業務プロセスの改善など、多様な目的に活用できる仕組みとしてとらえたうえで評価すべきものです。確かに日本企業の多くで新規事業の創出が大きな課題であるのは十分理解しています。ただし、そもそも新規事業の創出というのは非常に難易度が高く、失敗することも多い取り組みです。結果として、新規事業の失敗＝オープンイノベーションが自社にとっては効果的ではないというとらえ方がされてしまい、オープンイノベーション・アレルギーのようになってしまう組織も見られることは大いに残念な状況といえます。

その点に関しては、果たしてスタートアップが組み先として良かったのか、という疑問もあるでしょう。日本には世界的に見ても特徴的なものづくり中小企業の基盤があります。日本全体として、新規事業×スタートアップに目が行き過ぎているというのは感じます。実際に、オープンイノベーションが浸透している欧米のグローバル企業では、R&D・

業務改善・既存事業の強化・新規事業など、さまざまな目的でオープンイノベーションが活用されているのです。海外企業の事例で見たように、確かに新規事業創出を目的とした活動は、世界の最先端です。日本企業もこうした取り組みに注目するのは決して間違ってはいないのですが、難易度が高い取り組みであり、ふわっとした目的感で、オープンイノベーション×新規事業に取り組むのは避けるべきでしょう。

③ 経営層のコミットメント・サポート不足

「経営層のコミットメント・サポート不足」の問題も重要課題です。オープンイノベーションの成功例とされる欧米や、韓国の企業では、トップダウンでオープンイノベーションを推進するケースがほとんどとなっています。他方、日本企業ではミドルマネジメント層がまとめて経営層へ上げるボトムアップ型が主流です。その結果、組織全体に浸透するまでに時間が必要となるばかりか、真剣さなどの点でも企業全体のオープンイノベーション意識浸透に良くない影響が生まれがちです。

日本経済団体連合会の調査によると、日本企業の経営者の約70％が「オープンイノベーションの重要性を認識している」と回答していますが、実際に経営戦略の中核に位置づけている企業は3割ほどにとどまっています。トップのコミットメントが不足していると、必要な予算や人材の確保の点で後れを取り、結果として成果に結びつきにくくなってしまう傾向が出てきます。

実際に私が、いくつかの海外のグローバル大手企業のオープンイノベーション担当者と会話をした際には、誰もが「経営層のサポートが極めて重要」という話を強調していました。オープンイノベーションは組織のさまざまな部門に関係する活動であるため、経営層によるサポートがないと、担当部門はその活動の幅が制限されてしまいがちなのです。

④不十分なオープンイノベーションの推進体制づくり（専任組織の不在）

私が取材をしたある国内中堅化学メーカーのオープンイノベーションの担当者は、「うちの会社では経営トップはオープンイノベーションにあまり関心がないので、自分が勝手に経営企画部門の中にそうした機能を作り、できる範囲でスタートアップと連携する活動を行ってきた」と話をしていました。しかし結局、推進体制が築けず、長く活動を続けることができなかったようです。経営層によるある程度の理解が前提となりますが、やはりオープンイノベーションの推進体制づくりは重要です。なかには現業と兼務でこうした組織を運営している企業もありますが、兼務という体制では活動の優先度が上がらず、これもまた失敗に繋がってしまうケースが多くなります。

戦略レイヤーでの課題

これまで述べた課題は経営層や組織体制に関するものでした。次に来るのは戦略レイヤーでの課題です。

⑤不明確で言語化されないオープンイノベーション推進戦略

多くのオープンイノベーション活動を行う組織において、戦略が言語化できていない例が見られます。先に述べたミッションが曖昧であるという課題も関わってくるのですが、結果としてどういう成果を上げるための活動なのか、どういうやり方が効果的なのかが、あまり言語化されることなく進められている例が多いように感じます。

例えば、オープンイノベーションを実行する日本企業の中にはＣＶＣを設立し、こうした活動をオープンイノベーションの中核においています。しかし、実際にＣＶＣのミッションを具体的な戦略に落とし込めていないケースも少なくありません。社外技術やアイデアを活用していこうという方向性のみで、それをどのように自社の事業に結びつけるのか、新たな事業へつなげていくかという具体的な戦略が欠如しています。

２０２３年に発刊された野村総合研究所のＣＶＣに関する論文では、日本企業によるＣＶＣの約52％が「投資先との事業シナジーの創出」を目的としていると回答しています。ただし、私自身これまでさまざまなＣＶＣ担当者と話をする中で、実際にシナジーとしての成果を上げている例は非常に少ないと感じています。

この戦略の不在というのは、そのまま組織間の連携不足に繋がります。多くの企業では、オープンイノベーション部門、新規事業部門、ＣＶＣ部門、研究開発部門などが個別に活動していて横の連携が取れているとはいえません。各部門がそれぞれの役割を効果的に活用することでどのように連携し、シナジーを生み出していくのかが明確になっていないのです。さまざまな調査から分かるのは、オープンイノベーションに取り組む日本企業の約半数が「社内の他部門との連携が不十分」であるという事実です。こうした課題は、オープンイノベーションに関わる活動の戦略の言語化ができておらず、結果として組織間の連携に関する方針も曖昧なまま進んでしまっていることが原因となっています。

⑥ 非効率なリソースのフォーカス

また、戦略が不在であることから、成果の出やすいやり方にリソースがフォーカスされていない点も挙げられるでしょう。一時期、アクセラレーションプログラムや共創プログラム、共創のための場作りといった活動が流行りましたが、これはそれらの活動によく見られたものになります。具体性に欠ける曖昧なままの目的や領域の定義で、外部のアイデアを広く募集して、そこから新しい事業を生むという活動は、自分たちの発想では思いつかないような面白いアイデアが出る可能性がある反面、どうしても成功率は低くなってしまいます。こうしたイベントを行うためには、さまざまなステークホルダーを巻き込み、参加者を募る必要がありますが、そこには人もお金も多くのリソースがかかります。広報や人材育成という観点での効果も踏まえると、試しても良いアプローチではありますが、もともとのミッションとして掲げられるような新規事業の創出や迅速な課題解決といった目的からすると、やや非効率なアプローチになるでしょう。

オペレーションレイヤーでの課題

そして、日々のオペレーションにおいても現場では課題が多く出てくることになります。代表的な課題について整理をしておきます。

⑦見える化できていない進捗管理や成果

進捗管理や成果の見える化も重要なテーマです。なぜならば、特に日本においては、先に述べたように経営層がオープンイノベーションの重要性をそこまで認識していないことが多く、社内でオープンイノベーション活動に対する理解を得ることが必要になるからです。特にオープンイノベーションの成果は、プロジェクトそのものが多部門にわたるため、結果として成果の所在が見えにくいものとなります。とはいえ、最近では日本企業においても、徐々にＫＰＩによる進捗・成果の見える化を行う企業も増えてきています。

ＫＰＩの具体的な指標としては、次のようなものが挙げられます。ステップが進むごとに実際に売上や利益への貢献が具体化されていくイメージです。もちろん、件数だけでなく、金額に置き換えるケースもあるでしょう。

ＳＴＥＰ１　アプローチ数・外部企業との面談数
ＳＴＥＰ２　社内への照会件数
ＳＴＥＰ３　ＰｏＣ・実証案件数
ＳＴＥＰ４　出資件数・共同開発件数
ＳＴＥＰ５　自社製品や業務への採用件数
ＳＴＥＰ６　Ｍ＆Ａ件数

ただし、ＫＰＩというのはあくまで進捗管理をサポートするための可視化の手段でしかありません。重要なのは成果を上げることです。過去に話をした海外のオープンイノベーションの担当者は「確かにＫＰＩにはどのくらいの量アクションしたのか、という観点で面談数なども入ってくるが、本質的には大きな成果を出すことが求められており、もっとも高く評価されるのが、製品ローンチや有力スタートアップとの大口契約などの経営トップが認知するレベルの成果だった」と語っていました。

⑧ショッピングリストや深掘り分野の不在

このケースも比較的多く見られるものです。戦略レイヤーの課題で指摘をした、「オープンイノベーション推進の戦略が明確ではない／言語化されていない」にも通じます。

例えば、ある企業のシリコンバレー拠点で、「デジタルヘルス」に関連する領域で技術を探すという領域だけ決まっているとします。しかし、一言でデジタルヘルス領域といっても、デバイスもあればサービスもある、その裏側に存在するアルゴリズムもあると、探索する技術の解空間は非常に幅広いものになります。この状態で闇雲に技術を探したとしても、その活動は困難を極めてしまいます。運良く良さそうな技術を探してきたとしても、今度は研究所や事業部門などで、その技術に興味を持つ受け手を探すのにたいへん苦労することになります。結果として、技術を探すことはできても、社内で受け取り手がいない、ピッチャー・キャッチャー論が生じることになります。

このピッチャー・キャッチャー論というのは、オープンイノベーション界隈《かいわい》では有名な話ですが、技術を探索する側をピッチャー、その技術の紹介を受け、社内でプロジェクト推進していく側をキャッチャーとして定義します。よく起こりがちなのが「キャッチャーの不在」であり、いまだに多くの企業で課題となることです。

これらを解決する方法のひとつには、ショッピングリスト（またはニーズリスト）と呼ばれる、社内のさまざまな部門で、解決したい問題や探索したい技術を列挙したリストを、探索の出発点とすることが挙げられます。例えば、あるディスプレイ事業部門が、次世代のディスプレイソリューションを開発するために、高精細なＡＲ／ＶＲ向けディスプレイの技術を探しているとします。こうした具体的な社内のニーズに基づけば、受け皿となる社内の部門も、紹介される技術に対して前向きに検討をすることになります。

また、当然ですがここまで具体的ではないケースも出てきます。例えば、スマートフォン等のモバイル端末メーカーの開発の大きな方向性として、今後データ処理量がより多くなるにつれて熱対策が重要になることから、常時こうした「熱対策を行うことができる部品や部材」に探究が向くことが考えられます。つまり、熱対策技術を探すということになるわけですが、この場合では、高性能な放熱材やそもそも熱を発さなくなる材料、回路設計など、広範な技術オプション探索が必要となってきます。

ここで重要なのは、オープンイノベーションで探索する技術は、受け手の課題を解決するものである、という点です。オープンイノベーション部門は、ある意味で社内の他部門をクライアントとする、コンサルティング・外部技術を活用したマーケティング部隊というようにもいえるかもしれません。また、ショッピングリストは常に具体化されたニーズとは限りません。実はショッピングリストを作成する業務を行うと、実際にはまったく具体化レベルの異なるニーズが出てきます。そして、重要性が高いものから低いものまで、対象数が多くなることも十分考えられます。オープンイノベーション部門は、最初、人数が少ないところから活動が始まるため、リストにあるすべてのニーズに応えることはできず、優先度をつけるようなことも必要になってきます。優先度は高くとも、あまり要件が具体化できていないニーズというのは、オープンイノベーション部門と事業部門がコミュニケーションを取っていく中で、徐々に要件の具体化が進んでいくというケースもよくある話です。

ただし、やや逆説的になってしまいますが、ショッピングリストのアプローチは通常、事業部門から出てくるニーズを探すことが中心となり、やや短期的な取り組みが多くなります。そのため、新しいイノベーションの種を発掘するには、ショッピングリストに基づいたアクションだけではなく、オープンイノベーション部門が自ら、イノベーションが起こる可能性のある課題の設定を行うというアプローチも取り入れる必要が出てきます。

⑨相違するカルチャーへの不理解

もうひとつ、根深いのが「カルチャーの違いを理解できていない」ことです。オープンイノベーションでは、外部の情報リサーチや打ち合わせなどで出会うパートナー候補、特にスタートアップや中小企業との信頼関係が重要になります。ところが日本国内での既存の関係に慣れた大企業には、これらの相手を下請サプライヤーとして扱ってしまうところが少なくありません。グローバルな事業展開に長い歴史を持つ企業でさえ例外ではないのです。

大企業が既存のサプライヤーに対して、価格交渉を行う場合とは状況がまるで異なります。企業規模に関係なく、スタートアップとの協業では、対等なパートナーシップを築かなければならないというのがオープンイノベーションの常識です。一般的に見て、これは共通認識となっているのが当然と思えるかもしれません。しかし、私が過去に話をした国内のオープンイノベーションの担当者は、実際にこの点を大きな問題点として指摘していました。

私自身、企業のオープンイノベーション活動を支援していた際に、大手企業の担当者が非常に高圧的な態度でパートナー候補に接して、関係がうまくいかなかった事例も見たことがあります。いまだに、こうした大企業カルチャーというのは、日本の硬直化した産業構造では根強く残っているのです。ただし一方では、スタートアップに対する過剰な期待も禁物であるという意識も同時に必要です。そこでは適切なエクスペクテーション・マネジメント（期待値管理）が重要になってきます。特に新規事業につながるオープンイノベーションで顕著ですが、成果が確実という認識に基づいた展開は大きなリスクを抱えます。スタートアップサイドが原因になる失敗などに際して、オープンイノベーションや新規事業立ち上げそのものを全否定されてしまいかねない危険性と隣り合わせです。

⑩ 短い人事ローテーションサイクル

日本企業にある典型的な人事制度によって生まれる問題も大きな影響をもたらします。基本的に長期的視点が欠かせないオープンイノベーションに対し、日本企業で一般的なのは3年程度のローテーションです。しかし、3年程度の短期視点での活動では、時間の必要な大きなインパクトを持つ革新的なプロジェクトではなく、小さなヒット案件を狙うインセンティブが働くのは当然の結果となります。オープンイノベーションに携わる人材の評価方式や取り組みのタイムスパンから見直していく必要が出てきます。

人事・人材に関しての課題には、これとは別に人材の流動性や多様性の不十分さも挙げられます。大企業を中心にまだまだ年功序列、終身雇用制が多い日本社会では、人材の流動性が低く抑えられてきました。これは、イノベーションの創出に欠かせない要素の多様性や国際化と相容れない部分となっています。

オープンイノベーションを阻害する文化的要因

実際のオープンイノベーションの現場では、発明牽引型のイノベーションが生産性のジレンマに陥っているという指摘もあります。行政のＤＸ情報を発信するＧＤＸタイムズの分析では「日本には豊富な技術の蓄積があり、これをベースに新たな価値やアイデアを効率的に創出する可能性がある。一方、他社の技術については無関心な傾向が強く、社外から発信される技術のトレンドに後れをとることが多い」となっています。

特に、半導体や電子部品などの業界では、自社の技術を強みとしている企業が多く、その強いこだわりから、中小企業やスタートアップ、大学などが保有する技術を適切に評価できていないと考えられます。ここでもまた「自前主義」傾向が、取り組みの推進を妨げる一因となっています。同時に日本社会における「異端が冷遇されやすい社会環境」も、イノベーションを阻害する要因として指摘されます。新しいアイデアや従来の常識を覆すような提案が、組織内で受け入れられにくい風土です。これは、日本企業の多くが採用してきたボトムアップ型の意思決定プロセスとも関連すると考えられる障害です。

さらに、過度な統制と法令遵守の弊害も無視できません。コンプライアンスの重要性はいうまでもありませんが、過度に厳格な規制や手続きが、イノベーションの芽を摘んでしまうケースも少なくないからです。柔軟性と規律のバランスをどのように取るかが日本企業の課題です。この点について、アイデアの質と量が圧倒的に不足していることは、日本でのオープンイノベーション成功事例が少ないいちばんの理由だという指摘もあります。

世界的に有名なアクセラレータプログラムである「Y Combinator」では、半年ごとの参加者が2000組以上にも達しますが、合格ラインをクリアするのはわずか2%ほどです。現状での日本企業の社内公募や事業化コンテストでは、これと比べてアイデアの数も質も不十分と判断せざるを得ません。ただし、社内公募が十分に機能しない理由には、役員への提案機会が限られることや失敗を次の提案に活かすことができない、失敗が続くと応募自体が減少するといった問題もあります。これは日本企業の組織文化や評価システムとも密接に関連しているだけに、簡単には解決できない課題となっています。

さまざまな壁を突破した日本企業の先行事例

ここまでに指摘したように、いくつもの課題がある日本企業のオープンイノベーションですが、同時に各企業の持つ潜在力活用によって大きな成果を上げられる可能性は大きいことも確かです。とりわけ先端技術領域においては、かつてないほどに市場環境が不透明性を増し、技術革新や事業開発に求められるスピードは高まっています。今こそ、先端技術領域でのオープンイノベーションを効果的に活用することで、日本の製造業の競争力強化へ繋げることができるはずです。

成功のために必須となる要素は、まさに問題点として指摘した複数の課題を逆転させることになると考えられます。そして、日本企業においても、オープンイノベーションに本気で取り組んだ企業が複数出てきており、成功事例に繋がってきています。これらの先行企業がどのように取り組んでいるのかを見ることはたいへん参考になるでしょう。

日本企業の成功例①　荏原製作所（産業機械）

研究開発効率を高めた荏原

1912年に東京で創業した荏原製作所は、日本を代表する産業機械メーカーのひとつです。創業以来、ポンプ製造を主力事業として発展してきて、現在は「建築・産業」「エネルギー」「インフラ」「環境」「精密・電子」の5事業分野に事業展開しています。

同社コーポレートサイトによれば、2023年12月期の連結売上収益は7593億円、セグメント別構成比で見ると、精密・電子事業が32・5%、建築・産業事業が29・3%、エネルギー事業が22・0%、環境事業が9・4%、インフラ事業が6・6%となっています。特筆すべきは、海外売上高比率が約56%と全体の6割近くに達している点です。

創業者・畠山一清が唱えた「熱と誠」の「熱＝熱意」を持って人や仕事と向き合い、創意工夫を重ねながら、ユーザーに「誠＝誠心誠意」で向き合い、高めた技術で事業を通じて社会にプラスとなる価値を提供するという基本方針を社是としてきた企業です。日本のオープンイノベーションの成功事例として注目され2022年には「第4回日本オープンイノベーション大賞 農林水産大臣賞」を受賞、2023年度は売上収益の約5・75％にあたる1170億円を研究開発費に投じ、技術革新への強いコミットメントが目立ちます。

「荏原式オープンイノベーション（EOI）」

荏原製作所が唱える「荏原式オープンイノベーション（EOI：Ebara Open Innovation）」は、2009年の荏原総合研究所解散を機にスタートした独自のオープンイノベーション手法です。従来の研究開発体制が抱えていた課題を克服し、効率的かつ効果的な研究開発を実現するために生み出されました。そこには大きな2つの危機によって解散に至った、総合研究所での危機感がありました。

1つ目は研究と製品開発の乖離《かいり》、2つ目は研究効率の低さです。2つの課題に対応するための改革は抜本的でした。

まず、研究目標を「製品競争力改善」に定め、年度研究を廃止し、研究陣を事業部と兼任させるバーチャル研究所構想を立ち上げました。最初3名のエンジニアからスタートした大学とのコラボレーションは、現在30以上の大学、50以上の研究室、約150名の研究人員が関わる大規模なプロジェクトへと成長しています（出典：荏原製作所　エバラ時報ＮＯ．２５５）。

ＥＯＩの成功を受けたのが、ＥＯＬ（Ebara Open Laboratory）です。荏原製作所事業部が製品開発に必要な研究テーマを提出、研究員を兼任で派遣してＥＯＩメンバーと協力して研究を行います。研究が終了すると、その成果を事業部に持ち帰るという仕組みで、研究効率の向上に成功します。また、新規事業創出を目的としたＥＩＸ（Ebara Innovation for 'X'）も立ち上げました。世の中で流行している新技術を自社事業に向けて再定義するというアプローチがＥＩＸです。実績のひとつに、ＩｏＴとロボット技術を「生産技術革新に役立つもの」と再定義し、自動化工場というテーマに発展させたものなどがあります。

ＥＯＩは柔軟性と進化の速さに特徴があります。例えば、ＥＯＳ（Ebara Open for Supplier）の取り組みでは、研究開発に必要な特殊加工を外部のサプライヤーと連携して行う仕組みを構築しました。同社にない工場設備をバーチャルに創り上げるというシステムが実現しています。

自社の強みを活かしつつ、外部リソースを効果的に活用しています。また、研究開発の効率化と製品競争力の向上を同時に実現している点も参考になります。その実績は、日本の製造業が直面する研究開発の課題に対するひとつの解答を示すものです。特に、研究と事業の乖離や研究効率の低さという当初の危機感と課題は、日本企業の多くが共通して抱える課題です。荏原製作所の取り組みは、これらの課題を克服するための具体的な方法例としても参考になります。

柔軟で効率的な研究開発体制の構築は、オープンイノベーションの有効性と実現可能性を示す重要な指標です。また取り組みにあたっての、既存の体制を大胆に見直す勇気、外部リソースを効果的に活用する柔軟性、そして継続的に進化させていく姿勢にも学ぶ点は多いといえます。特筆すべきは、難易度の高い新規事業ではなく、まずは研究開発の効率化から入っていることです。そして研究トップのコミットメントとともに、ステップを踏んで、活動範囲を拡大させている点です。分かりやすい成功を挙げることで、次の新しいチャレンジをしやすい土台となっているとも言えるでしょう。

日本企業の成功例②　東レ（化学メーカー）

衣料から産業資材まで幅広い分野で先端技術を創出

１９２６年に人造絹糸の製造会社として設立された日本を代表する総合化学メーカーが東レです。創業以来「研究・技術開発こそ、明日の東レを創る」という信念のもと、革新的な技術開発を続けています。

注目できるのは他の化学繊維メーカーとは異なって、繊維事業の売上高と利益率を増大させてきた点です。有機合成化学、高分子化学、バイオテクノロジー、ナノテクノロジーをコア技術として、さまざまな先端材料を創出してきたのです。同社は、これらの技術を活かし、衣料用途から産業資材用途まで幅広い分野で事業を展開しています。

主要事業消滅の危機感からオープンイノベーションへ

１９９０年代から２０００年代前半にかけて深刻な事業危機に直面した東レが、オープンイノベーションを積極的に推進することで見事な復活を遂げた過程は日本企業の代表的な成功例のひとつとなっています。

東レの危機は、20世紀末前後に日本の化学繊維業界全体が直面した苦境と軌を一にしています。中国製化学繊維の安値攻勢などで業界全体が消滅の危機に瀕して、多くの化学繊維メーカーが繊維事業から非繊維事業へと軸足を移すなか、東レは繊維事業の売上高と利益率を増大させる戦略を取り成功させました。

成功の背景にあったのが、積極的に推進したオープンイノベーションでした。特に、異業種企業との協業による繊維事業の成果が大きく貢献しています。2000年に「ユニクロ」ブランドで知られるファーストリテイリング（FR）との本格的な協業は、特に画期的な取り組みでした。

注目すべきなのは、この協業から生まれた「ヒートテック」の開発過程です。身体から発生する水蒸気で温かくなるという高機能を低価格で実現した画期的な製品の開発過程では、FRの「これこそ消費者が求めるものだ」という主張と、東レの繊維メーカーとしての「常識」が激しくぶつかり合い、イノベーションの源泉となったのです。

素材メーカーで最終消費者のニーズを直接汲み取ることが難しい東レと、小売業で起業した原材料の加工プロセスの知見が不足するFRが、それぞれの視点・経験・知識をぶつけ合うことで、従来のインナーウェアにはない画期的な製品が生まれたのです。

このような成功事例を生み出した東レのオープンイノベーション戦略の特徴は、「技術探索型」と「川下企業との共同開発」の2つに大別できます。

まず技術探索型に関しては、東レは早くからオープンイノベーションのハブ部門を創設し、精力的に技術探索型の取り組みを行ってきました。この背景にあったのが、東レの企業文化です。2015年の「ハーバード・ビジネス・レビュー」のインタビューによれば「素材で世の中を変革するという信念を持っている」「革新的な基礎技術を40年、50年かけて極限まで追求していく」「技術に関しては隅から隅まで知り尽くしている」「自社開発オリジナルの製造設備と装置で付加価値の高い高機能品を作る」「市場が存在しつづける限り、撤退はあり得ない」「世の中に存在しない新しいものを何がなんでも作りたがる」といったものです。一見するとオープンイノベーションとは相反するように思えます。しかし、東レはこれらの特徴を活かしつつ、オープンイノベーションを推進する戦略思想を持っていました。

川下企業との共同開発はＦＲとの協業の最重要ポイントです。素材メーカーとして、最終製品を作る川下企業との協業によって、消費者ニーズを直接取り込むことに成功したのです。協業の成功には、東レの企業文化と戦略思想が大きく影響しています。「素材で世の中を変革する」長期的な視点での技術開発と、「成長している分野で必要とされるものを生み出し続ける」という戦略思想の2つが、ＦＲとの共同開発を成功に導いたのです。

この協業は、単なる取引関係を超えた「学びあう場」となりました。東レは自社の技術力を活かしつつ、ＦＲから消費者ニーズや市場動向を学びました。一方、ＦＲは東レから素材の可能性や製造プロセスについて学びました。この相互学習が、画期的な製品を生み出す原動力でした。技術力の高い日本企業が陥りがちな「自前主義」からの脱却を促す好例となりました。

２０００年当時、すべてを自社内で完結させていた東レは、研究開発のスピードが遅くなり業績も落ち込んでいました。その危機的状況を大きなきっかけに、２００２年から社外連携を半ば強制的に行い、社員の意識改革を行ったのです。

具体的には、「研究改革」というキャンペーンを実施し、炭素繊維やＲＯ膜におけるオープンイノベーションの経験を振り返り広報し、社外連携やオープンイノベーションの必要性を社内に浸透させていきました。この取り組みは確実に成果を上げ、研究開発のスピードアップだけでなく、技術の融合という点でも大きな成果を生み出しました。

なお、この社内浸透についてはたいへん興味深いポイントとなっています。同社が公開しているオープンイノベーションに関する論文の中で、オープンイノベーションの最大の抵抗勢力は研究者自身であり、この課題を乗り越える必要があること。そのために、機会があるごとに、社内の会議等でオープンイノベーションの有効性を伝え、オープンイノベーションの成果をイントラネットで見える化していることが明らかにされています。これはたいへん興味深いポイントで、社内にオープンイノベーションを浸透させるには、根強い社内広報活動が重要であることを示唆しています。

日本企業の成功例③　本田技研工業（輸送機器）

技術革新への強いコミットメント

本田技研工業（ホンダ）は、1948年に設立された日本を代表する多国籍企業です。

創業者の本田宗一郎が、戦後の日本で独創的な技術とアイデアをもとに起業し、今日では世界有数の自動車・二輪車メーカーへと成長しました。

創業以来、「研究・技術開発こそ、明日のホンダを創る」を社是として、革新的な技術開発を続けてきたのがホンダです。2024年度には、売上収益の約5・7％にあたる1170億円を研究開発費に投じ、技術革新への強いコミットメントを示しています。

オープンイノベーションにも見るべきものが多く、2021年には、保有する特許や技術を公開し、協業につなげるためのWebサイトを開設しました。グローバルで有する5万件以上の特許を、多様な業界や領域で活用する考えを示しているのです。

知的財産権の共有で迅速な技術革新と市場投入を

ホンダのオープンイノベーション戦略は、日本企業のなかでも先駆的なものとして知られています。スタートアップとの協業を積極的に推進し、長年にわたってその姿勢を貫いてきました。

2000年初頭にリミテッド・パートナー（LP）としてベンチャーキャピタルファン

ドに出資することから始まりました。この時期は、いまだ日本企業の多くがオープンイノベーションの概念そのものを十分に理解していなかった時代です。早くからその重要性を認識し、積極的に外部の知見を取り入れる姿勢を示したのです。

2005年には、シリコンバレーでCVCを立ち上げます。スタートアップとの協業を通じて新たな価値を創造することを目的としたもので、スタートアップの持つ革新的な技術やアイデアを自社の製品開発に活かすことで、業界の変化に迅速に対応しようとしたのです。

2011年、CVCチームを「オープンイノベーションラボ」に組織変更し、「Honda Xcelerator（ホンダ・エクセラレーター）」プログラムをスタートさせました。このプログラムは、スタートアップ企業に事業開発のリソースを提供しながら協業を進めるもので、ホンダのオープンイノベーション活動の中核を担うものとなりました。

ホンダ・エクセラレーター・プログラムの特徴は、単なる資金提供にとどまらず、同社の技術力や開発リソースをスタートアップに提供することにあります。スタートアップは自社の技術やアイデアを迅速に製品化・事業化することが可能になり、ホンダにとっては、スタートアップの革新的な技術やアイデアを自社の製品開発に活かすことができるという、まさにWin-Win関係を構築することが可能になります。PoC（概念実証）や実証実験を現地主導で迅速に進められるようにした点も特筆すべき事項です。

また、知的財産の取り扱い方についても非常に特徴的なものがあります。ホンダは、協業の成果物をスタートアップと共有し、さらにはライバル企業にも提供する姿勢をとっています。これは一見すると、自社の競争優位性を損なうように思えるかもしれません。しかし、この方針によって、ホンダはより多くのスタートアップとの協業を促進し、技術革新のスピードを加速させることができると考えているのです。当初は社内からも反発がありました。しかし、「スタートアップと共同開発し、タイムアドバンテージを活かす」という戦略の採用で、ホンダは技術の進化と企業価値の向上を図りました。独占ではなく積極的な共有で、業界全体の技術革新を促進し、ホンダ自身も成長していくという考え方です。

なお、同社は出資ありきではなく、出資と共同開発をうまく使い分けていることも興味深いポイントです。アイデアはすごいが、技術成熟度が低いスタートアップの場合は、今すぐの共同開発が難しいケースがあります。これはスタートアップと協業をしようとする多くの企業が経験することではないでしょうか。ホンダは、こうした場合には少額の出資で関係を保ち、量産化などに関するアドバイスをスタートアップに対して行います。一方で、すぐに製品を開発できるフェーズにある場合には、共同開発のスキームを活用します。ただし、ケースバイケースで判断され、出資と共同開発が組み合わさるケースも当然あるでしょう。

ホンダシリコンバレーの活動というのは日本企業の中でも際立っています。ここで強調しておきたいのは、一度ＣＶＣを立ち上げたあと、社内体制がうまく整っていないことから、出資は一旦棚に上げて、技術開発を中心としたスタートアップとの協業に方向性を変えている点です。以前の章でＣＶＣ設立がブームになったことに触れましたが、ストラテジックにシナジーを生むことに成功している企業はかなり少ないでしょう。出資にこだわらず、大手企業がスタートアップを支援できる形を模索した結果としての今の形であり、スタートアップと真剣に向き合っているからこそできた形態であると感じます。成功にはＣＶＣの有無ではなく、スタートアップとどのように付き合うかの姿勢が組織として問われており、活動しながら自社に最適な形を創っていくことが重要となります。

日本企業の成功例④　三菱ケミカル（総合化学）

さまざまな先端技術を広範囲な領域に展開

総合化学メーカーである三菱ケミカルグループの起源は、２００５年に三菱化学と三菱ウェルファーマの株式移転により設立された共同持株会社にあります。２０１７年には三菱化学、三菱樹脂、三菱レイヨンの3社を統合し、現在の三菱ケミカルとなりました。

有機合成化学、高分子化学、バイオテクノロジー、ナノテクノロジーをコア技術とし、これらを基盤にさまざまな先端材料を創出してきたことが同グループの特徴です。これらの技術を活かし、エレクトロニクスや自動車・建材・産業用途など非常に広範囲な領域に、高機能・高付加価値の製品と技術を提供しています。

注力市場のニーズに応えるため技術や知見を戦略的に融合

三菱ケミカルのオープンイノベーションは、明確なビジョンと段階的なアプローチによって着実に成果を積み上げています。4つの事業分野の多様性を活かしつつ、グループ全体で一貫した活動を推進しています。

具体的な取り組みとしては、CVC活動の強化が挙げられます。2019年には、3Dプリントと射出成形を融合した次世代の成型技術を手掛けるデンマークのスタートアップ、AddiFab ApSに出資しました。この提携は、わずか2年間で両社に大きな価値をもたらし、CVCのサクセスストーリーとなったものです。さらにオープンイノベーションを通じて社会課題の解決に取り組んでいるのも特徴です。

オープンイノベーションでは、注力する市場ごとに取るべき施策を明確にしたうえで、グループ各社が総掛かりで「One Company, One Team」となって取り組む体制を構築しています。この方針は、2021年に策定された経営方針「Forging the future 未来を拓く」にも反映されています。「forge」という言葉は、加熱した金属を叩いて強化・成形する「鍛造」を意味する動詞であり、未来を創り出すことの困難さと、それに挑戦する決意を表現したものとなっています。同社が公開しているイノベーション戦略では、EV／モビリティ・デジタル・食品・メディカル・建物／インフラ・消費財・産業という7つの注力領域が設定されており、各領域のトレンドが分析されています。そして、さまざまな市場に対する知見や戦略のロードマップを共有し、事業グループとコーポレート機能との役割分担や連携を適切に図ることが重要であると述べています。戦略実現に向け研究開発組織の改革も行いました。2023年には、研究開発組織をビジネスグループ直下の組織とコーポレート組織に分割し、ビジネスグループとコーポレートの役割を明確化し、事業の特性に合わせて技術開発やオープンイノベーション、知財活動等を機動的に展開することが可能になりました。

一方では活動推進のための環境整備にも力を入れています。2022年には、横浜市青葉区の最大研究開発施設「サイエンス&イノベーションセンター（SIC）」に、200億円以上を投じて建設を進めてきた新研究棟をオープンさせました。新研究棟は、海外のR&D施設と同じレベルの環境を整え、外部協働や人材の採用にも大きな効果をもたらすと期待されています。外部のスタートアップとの協業だけでなく、社内のイノベーション促進にも力を入れています。2017年に開始された新規事業創出プログラム「IGNITION（イグニッション）」は、その代表的な取り組みです。従業員が持つ独創的な技術・アイデア・デザインを形にし、社会課題の解決と新しい価値の創造につなげることを目的としています。

最後に、経営として進捗が見えるように、イノベーションの可視化が進んでいるのも他社にはない特徴的な点であることにも触れておきます。MOT指標というもので、イノベーションの過程をインプット（I）・プロセス（P）・アウトプット（O）に区分した3つの指標群から構成されています。具体的には、I指標群（売上高研究開発費率等）、P指標群（R&Dプロジェクトや DX の進捗度）、O指標群（新製品売上、特許出願件数、特許価値等）が挙げられており、IRでも公開されています。このように進捗の見える化に取り組んでいることもたいへん参考になるでしょう。

［第4章］

技術インテリジェンス強化が起点
変革を主導する
オープンイノベーション活動

求められる主体的にイノベーションを起こす機能へ

従来、オープンイノベーションが独立した部門として存在し、社内の課題解決のための外部技術探索や、その社内の調整役を担ってきました。しかし、企業が活発にイノベーションを起こしていくためには、オープンイノベーションの機能はこうした調整機能中心の役割から、さらに役割を発展させ、自らイノベーションを起こすことを主導する組織・機能へと変わっていくことが求められています。先ほど、日本企業がオープンイノベーション＝新規事業ということに、目が行き過ぎているという話をしましたが、こうした方向性自体は間違っていません。世界の潮流も、新規事業のような形でイノベーションを起こす取り組みが活発化しています。理想を言えば、成功確率の高い研究開発の効率化などから着実に浸透させ、次のステップで新規事業を創る取り組みへと発展させていくことが望ましいです。しかし、オープンイノベーション部門はR＆Dから生産技術、新規事業部門、コーポレートまで社内のすべてと関わる機会を持ちます。さらに、社内の課題を解決するための社外技術やリソースに多く触れることで、情報も集まってきます。必然的に、さまざまなイノベーションをリードできるポテンシャルのある組織であるということができるでしょう。社内の調整役・橋渡し役という役割から発展した、イノベーションをリードする役割が今後は求められることになると考えられます。

ではこうしたオープンイノベーションを実現するには、どのような機能が必要なのか、これまでの国内外の企業の成功例から、以下の要素があるように考えています。

ポイント① 技術インテリジェンス機能（技術の先読み・分析、戦略策定）
ポイント② インキュベーションとブリッジ
ポイント③ コミュニケーションとプロモーション

以降、それぞれを説明していきますが、ポイント①は基盤としての必要機能、ポイント②・③は実行していくうえでの必要機能となります。実は近年、私が問題意識を感じていたのは、この技術インテリジェンス機能となります。しっかりと戦略や向かう方向性が言語化できていなければ、他部門と関わるオープンイノベーションの活動は機能不全を起こします。結果として、ポイント②や③も機能不全となってしまいます。そのため、本書で強調したいのは、このポイント①で挙げる技術インテリジェンス機能の強化が必須事項になると考えています。

ポイント① 技術インテリジェンス機能（技術の先読み・分析、戦略策定）

技術インテリジェンスとは、最新の技術動向を継続的に調査・分析し、それを企業戦略に落とし込む仕組みのことを指します。これまで述べてきたように、既存事業のように、長年その事業に従事していてロードマップがある程度見えている分野とは異なり、先端技術領域のオープンイノベーションで扱うのは自社にとって新しい領域であることがほとんどです。つまり、先端技術領域でイノベーションを起こしていくためには、今まで以上に、技術の先読みが重要となります。世界中の多様な技術情報を収集し、そのトレンドを分析し、将来の有力技術の可能性やそのポテンシャルの見極めを行っていく必要があります。

こうした活動には、グローバルな視点が重要となります。とりわけスタートアップのエコシステムというのは日本では小さいことから、アメリカ・欧州・イスラエルなどの先端技術のエコシステムが大きいエリアを見ていく必要があります。最近はそこに中国も加わるようになりました。グローバルな視点で世界中の技術動向を洞察する、そんな機能が求められています。たとえ日本市場を対象とした事業であっても、技術自体は海外から導入されるケースも多く、グローバルな視点でのスピーディーで深い洞察を行う調査が不可欠なのです。

破壊的なイノベーションの芽をいかに掴むのか

この場合、さらに調査対象が非常に広範囲に及ぶことになるのも困難さに輪をかけます。研究所発のイノベーションでは、短中期的に見れば外部企業やスタートアップの技術動向に目が向きます。ところが、中長期的な視点からは大学等の研究動向も把握しなければなりません。つまり、調査対象が広範になってしまうのは避けられないこととなります。

新事業につながり得る有望技術のピックアップであれば、多様な技術オプションのなかからの見極めが必要です。しかし多くの場合、技術がまだ完全に確立されていない段階での判断が求められるため、それも可能性の話にとどまらざるを得ないのが実情です。技術開発には時間がかかりますから、その後の進展を継続的にモニタリングすることが重要となってきます。特に近年では、ある時点ではそこまで技術進展がないように見える分野で、急激に技術進展が起こるケースが見られます。

例えば、近年、アメリカのサンフランシスコや中国の上海・北京・広州・深圳などでは、自動運転機能を搭載したロボタクシーが街中を多く走る姿を見かけるようになりました。元来、ディープラーニングベースのセンサ処理が行われるようになり、アルゴリズムの精度が高まっていましたが、近年トランスフォーマーというモデルの導入によって、より高度な環境認識と予測が可能となり、自動運転技術の発展が加速しました。特に、エンドツーエンドの学習アプローチやマルチモーダルＡＩの活用によって、従来のルールベースのシステムでは対応が難しかった複雑な交通状況への適応力が向上しています。実際に私自身、アメリカのロボタクシー企業でアルゴリズム開発をしている担当者にインタビューをした際には、トランスフォーマーの登場は画期的だった、という話を聞きました。そして、こうした変化は仮に自動車業界にいたとしても、その技術による影響を正確に認識することは非常に難しいところです。

私の会社では、数多くの企業から「破壊的イノベーションやゲームチェンジャーとなる技術の芽を掴みたい」という相談を受けます。こうした中で、クライアント企業の社内では、「ある日突然、イスラエルのベンチャー企業が50万ドルの資金調達を行った」「アメリカのベイエリアにあるベンチャー企業が100万ドルもの資金調達を行った」といった情報がいきなり入ってくるのです。

- なぜこういった有望ベンチャーがいるのが分からなかったのか
- 巨額の資金調達をする前に、有望ベンチャーの動きを掴んでおくことはできなかったのか
- 展示会で見かけたことはあったが、当時はたいしたことないスペックだった
- 他社が手を付ける前に接点を持ち、業務提携や資本提携を進めたかった

こうした会話が社内で交わされるのは普通のことです。よくあるケースには、シードやアーリーステージ段階のベンチャー企業のものがあります。大手企業の担当者が展示会な

どで見つけて、「世界初〇〇技術を活用した」といった系統の切り口を面白いと思いながら、その後のサンプルワークではまだまだ実用に耐えないものであることが判明し、一旦は忘れてしまいます。ところが、先端技術領域における技術的変化は、ある断面での状況を把握したとしても、何かのきっかけで大きく変わってしまいます。つまり、先端技術分野においては、ある断面で情報収集・分析を行うだけでなく、重点分野を特定したうえで一定の時間軸で定点観測していくことが求められるのです。

求められる定点観測の仕組み化

これらの課題に対応するため、さまざまな企業が定点観測の仕組み化に取り組もうとしています。仕組み化できれば、技術動向のモニタリングを定型業務として効率的に行うことができ、中長期的なテーマの進捗を組織的に追跡することが可能になるのです。さらに、この仕組みは特定の担当者に依存しないため、組織として再現性のある形で技術インテリジェンス機能を維持することができるという利点もあります。

定点観測の代表として知られるのは、４つの具体的なアプローチです。

まず1つ目。もっとも代表的なものは、グローバル展示会・カンファレンスへの定期的な参加です。毎年開催される主要な展示会などへの調査を業務日程に組み込み、最新の技術動向を把握します。近年では、YouTubeなどのオンラインプラットフォームを通じて講演を視聴することも可能で、言葉の壁を越えた情報収集の難易度も急速に低下しています。ある自動車メーカーの研究所では、こうした定点観測のために、広範な分野の展示会リストを作成し、毎年どの展示会に参加するべきかを決めていました。

2つ目は、グローバルの政府系研究機関による動向調査で、これも有効な手法となっています。アメリカのSBIR（Small Business Innovation Research）プログラムや、DOE（Department of Energy）、DARPA（Defense Advanced Research Projects Agency）の研究プログラムなどは、将来の技術シーズの宝庫といえます。また、欧州のホライズン・ヨーロッパ（Horizon Europe）プログラムも注目すべきです。これらの機関が発表する情報を定期的に確認し続ければ、最先端の研究動向を把握できます。

3つ目には、スタートアップの動向モニタリングを挙げたいと思います。ある特定の技術分野で有望なスタートアップをあらかじめリストアップしておき、フォロー対象とします。そのうえで、それら企業の資金調達状況や事業展開を追跡するのです。将来有望なスタートアップのなかには、国際カンファレンスなどで講演をしているケースもあります。毎年新しい特許も出すと考えられます。こうした文献には、その技術の進捗やロードマップが非常によくまとまっているケースがあります。

４つ目は、もう少しマクロに技術分野をモニタリングすることです。例えば近年、よく話題に上がる定点観測トピックには、生成ＡＩ、光電融合、デジタルヘルス、パワー半導体、量子コンピュータなどの変化の大きい領域が挙げられます。毎年さまざまな新しい情報が出てくるため、モニタリングする分野を決めて、当該分野の変化を整理し、毎年の変化による示唆を内部で議論するような活動も行われます。

必須となる具体的な戦略への落とし込み

重要なのは、ただ情報収集をするだけでは意味がないということです。オープンイノベーションの活動戦略として、しっかりとフォーカスする領域を言語化する必要があります。この言語化は、組織内の活動の方向性の目線を合わせることのみならず、他部門との連携面でも大いに活用されることになります。逆にフォーカスする領域の言語化が曖昧だと、他部門とのコミュニケーションも曖昧なものとなってしまい、結果を出すのが困難になってきます。つまり、経営層と現場のズレや、組織間における認識のズレを防ぐためには戦略を曖昧なままにせず、具体的に言語化していくことが非常に重要となります。

言語化する戦略の粒度は、企業によってまちまちです。ある程度領域を決めて、そこから幅広く探索するというフェーズもあれば、より具体的に絞っていくフェーズもあるのです。いずれにせよ、ある程度の調査分析活動を行ったあとでは、次のような形で言語化をしていくことが望ましいとなります。次ページの図は解決する社会課題から、今後取り組む技術、その時間軸、連携の方向性までを言語化したものをまとめたものです。実際にこのような形で、活動の方向性を落とし込んでいる日本企業もあります。

一方で、国内のさまざまな企業と接していると、こうした活動の方向性が言語化されていなかったり、抽象度が高すぎたり、目的とズレているなど、困難にぶつかっている企業も多いと感じています。着実に取り組んでいくことが必要です。

この戦略を落とし込んでいくポイントは、2つあります。1つ目は「イノベーションに繋

オープンイノベーションの活動戦略イメージ

解決する社会課題	想定される事業テーマ	活用可能な自社技術・リソース	主な必要技術・補完要素	時間軸	方向性
超高齢化社会の到来	装着不要な健康管理システム	光学システムの設計技術・ノウハウ	非接触生体モニタリング技術	202x年	スタートアップ連携（CVC連携）
			健康指標の開発	202x年	大学連携（OI部門主導）
	フレイル予防と活力向上	筋電気刺激技術	筋肉量計測技術	202x年	スタートアップ連携（CVC連携）
			活動量とフレイルの関係モデル化	203x年	大学連携（OI部門主導）
制御困難な感染症の台頭	空気中の微量ウイルス検知システム	電気化学センサ技術	ppbレベルの超高感度検出技術	203x年	スタートアップ連携（CVC連携）
			高速菌増幅・培養技術	202x年	大学・スタートアップ連携
			ポータブル化・小型化	202x年	中小企業連携（OI部門主導）
地球温暖化・干ばつによる水不足	空気から水を創るシステム	バイオミメティクス材料	高効率水捕集技術	203x年	大学・スタートアップ連携
		薄膜コーティング技術	低コスト殺菌技術	203x年	大学・スタートアップ連携

がる目標設定ができているか」、2つ目は「手段は絞らない」ことです。

1つ目の「イノベーションに繋がる目標設定ができているか」は非常に重要な事項といえます。オープンイノベーションで飛躍的な成果を上げることができるかどうかは、何を実現するかに尽きます。実現することそのものが、イノベーションである目標として設定されていることが不可欠です。言い換えると、顧客のどういう課題を、どのレベルで、どの時間軸で解決することを狙うか、ということになります。

先行事例で見たP&Gの事例では一般消費者が抱えている「まだ解決できていないが、解決したら価値のある課題」を整理しました。一般消費者が抱えるこれらの課題を出発点として、果たして現在の世の中でそれらを解決していける技術があるのかどうかの技術調査をかけ、マーケットインの発想で、技術的な可能性の検討を行っています。検討の結果、取り組む価値があるとなり、それを実現するためのスタートアップを見つけ、共同開発や買収の動きへと繋がっていきました。

これはBtoCの事例ですが、BtoBにおいても同様です。このように、ユーザーの課題(または将来発生するであろう課題)への深い理解と洞察をもとにして、イノベーションのテーマを設定し、それを解決するための手段を考える、というプロセスが重要となってきます。

そして2つ目の「手段は絞らない」です。この場合、どういう手段で顧客の課題を解決するかはあとで絞っていく話となってきますから、戦略策定時点では手段を絞らないことのほうが望ましいと考えられます。特にオープンイノベーションの手法を取る場合には、手段に着目するのではなく、課題を解決するには何が必要なのか、という技術要件の整理にフォー

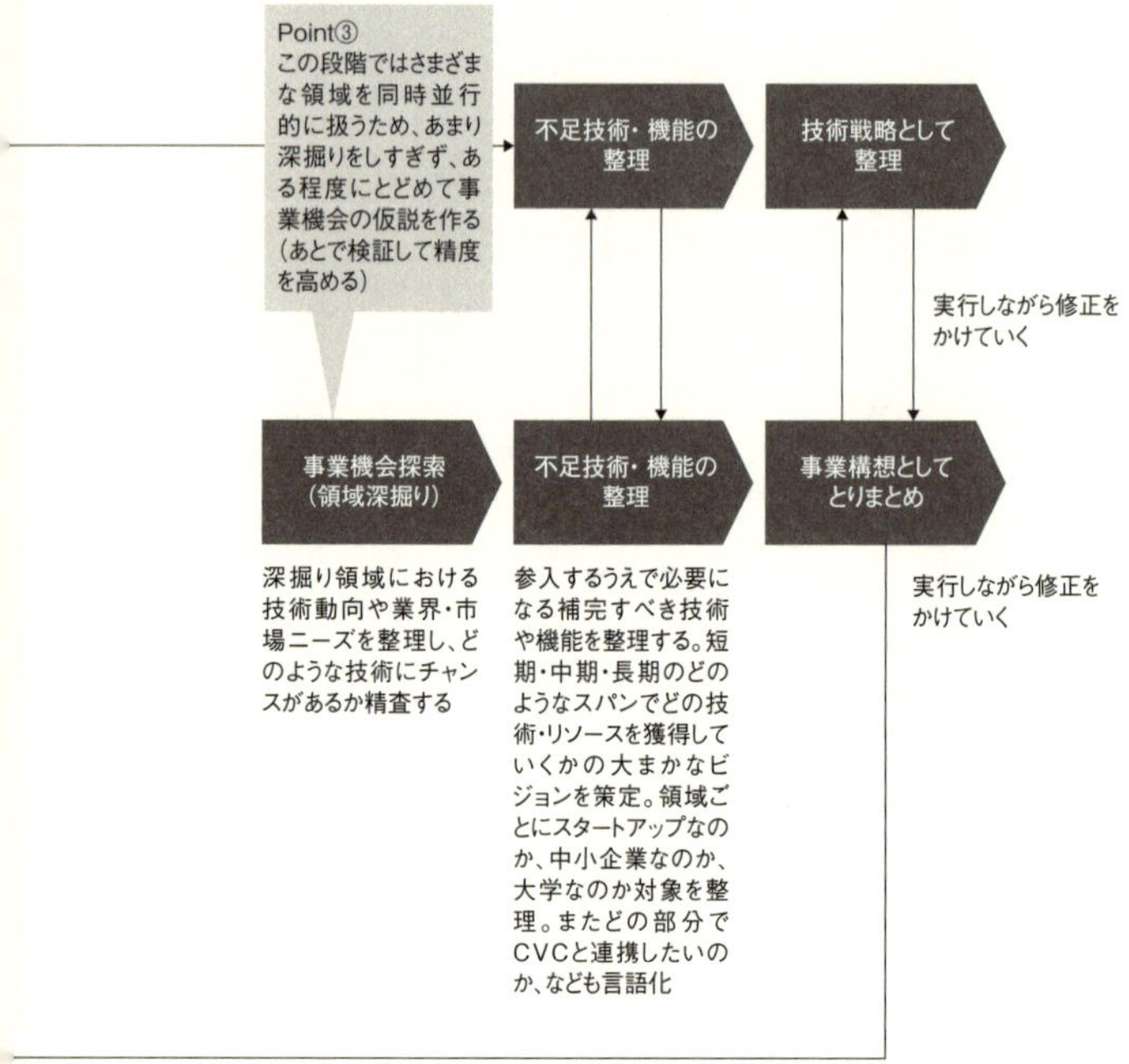

Point③
この段階ではさまざまな領域を同時並行的に扱うため、あまり深掘りをしすぎず、ある程度にとどめて事業機会の仮説を作る（あとで検証して精度を高める）
不足技術・機能の整理
技術戦略として整理
実行しながら修正をかけていく
事業機会探索（領域深掘り）
不足技術・機能の整理
事業構想としてとりまとめ
深掘り領域における技術動向や業界・市場ニーズを整理し、どのような技術にチャンスがあるか精査する
参入するうえで必要になる補完すべき技術や機能を整理する。短期・中期・長期のどのようなスパンでどの技術・リソースを獲得していくかの大まかなビジョンを策定。領域ごとにスタートアップなのか、中小企業なのか、大学なのか対象を整理。またどの部分でCVCと連携したいのか、なども言語化
実行しながら修正をかけていく

カスすることが重要になってきます。意外かもしれませんが、担当者による先入観で、ある程度手段が最初から絞られてしまっているように見えるケースも多く、注意が必要です。

　このような複数の観点に注意しながら進めていくのですが、サンプルとして進め方を提示すると上図のようになります。なお、実際には進め方は

先端技術×オープンイノベーション戦略のアプローチ例

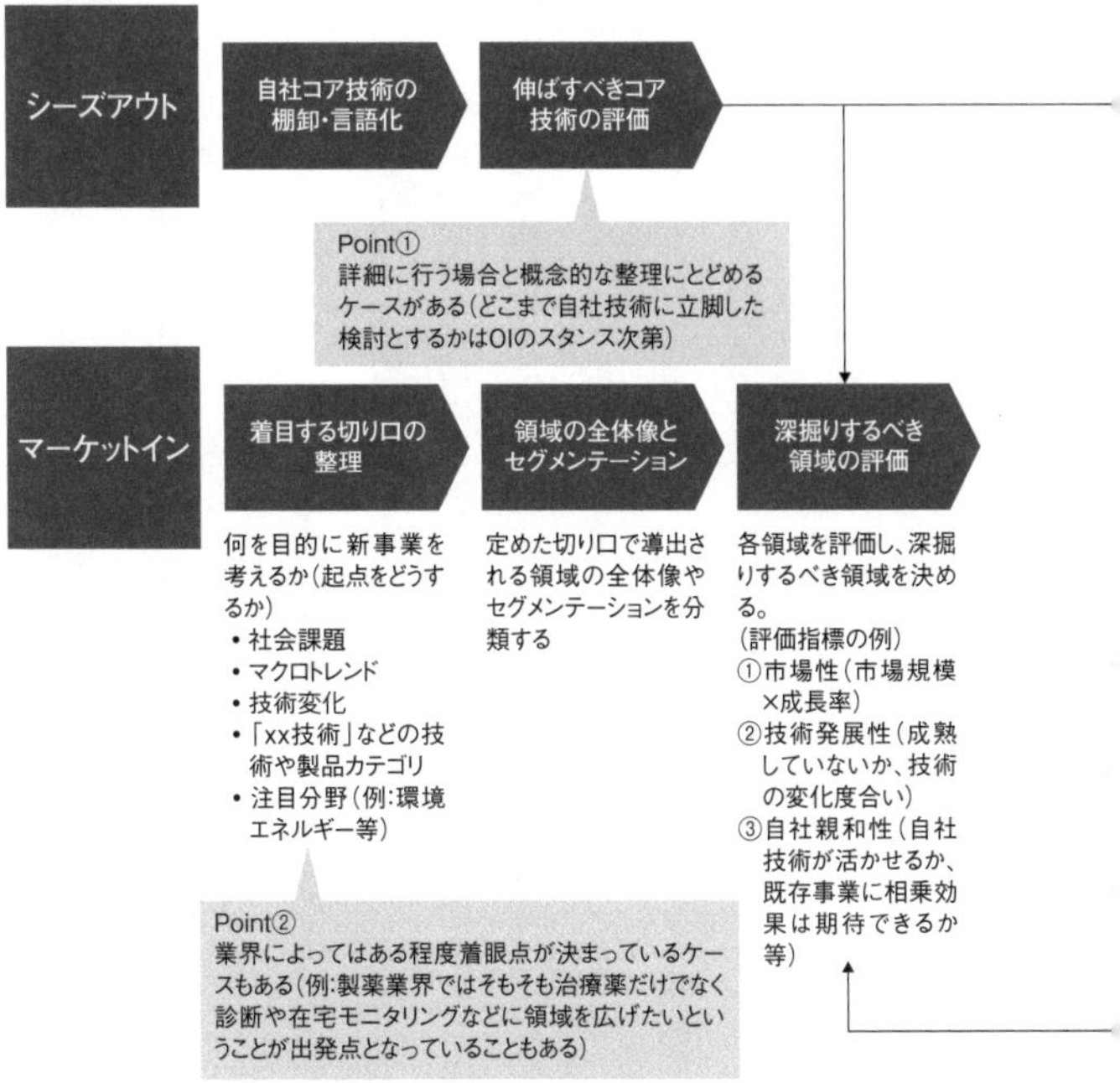

シーズアウト
自社コア技術の棚卸・言語化
伸ばすべきコア技術の評価
Point①
詳細に行う場合と概念的な整理にとどめるケースがある(どこまで自社技術に立脚した検討とするかはOIのスタンス次第)
マーケットイン
着目する切り口の整理
領域の全体像とセグメンテーション
深掘りするべき領域の評価
何を目的に新事業を考えるか(起点をどうするか)
• 社会課題
• マクロトレンド
• 技術変化
• 「xx技術」などの技術や製品カテゴリ
• 注目分野(例:環境エネルギー等)
定めた切り口で導出される領域の全体像やセグメンテーションを分類する
各領域を評価し、深掘りするべき領域を決める。
(評価指標の例)
①市場性(市場規模×成長率)
②技術発展性(成熟していないか、技術の変化度合い)
③自社親和性(自社技術が活かせるか、既存事業に相乗効果は期待できるか等)
Point②
業界によってはある程度着眼点が決まっているケースもある(例:製薬業界ではそもそも治療薬だけでなく診断や在宅モニタリングなどに領域を広げたいということが出発点となっていることもある)

企業によってさまざまです。オープンイノベーション組織が事業側に近いのか、研究側に近いのか、よりスタートアップ投資側に近いのか、その成り立ちによっても変わってくるのが一般的です。これは、研究企画やCTO室などで先端技術領域のオープンイノベーションを扱う場合に出てくるプロセスの一例であることに注意をしてください。

この図では上のルートがシーズアウトアプローチであり、以前から、よく研究所などで策定されている流れです。ただし、オープンイノベーションを前提とすると、実はコア技術としての解空間も広がるため、従来よりもさらに広い視野での技術戦略策定が必要になってくるのです。自社のコア技術を発展させていった先にどのような応用先があり得るか、また、自社のコア技術にどのような補完技術を加えると価値が増すのか、といった検討を行っていきます。なお、ここではどこまで具体的に技術の整理を行うのかは、企業の目的感によってまったく異なります。特にオープンイノベーションの活用を想定すると、どちらかというとシーズアウトよりもマーケットインを発想の起点とするケースも多いため、ここでは概念的な技術要素の整理にとどまる、または技術の将来的な発展によってこんな広がりがある、という可能性のほうに最大限着目して整理していきます。

これに対し、下のルートはマーケットイン的アプローチです。こちらは社会課題や、市場のマクロトレンド、ユーザーの中長期課題などから、どういう課題を解くのが有望なのか、という形でブレークダウンしていきます。そして、上のシーズアウトアプローチで言語化されたコア技術の発展と、マーケットインアプローチで出てくる課題の接点を探っていく形へとなっていきます。

実際に、私が取材をした欧州の大手企業では、オープンイノベーションの担当者が「以前は幅広い領域設定での闇雲な探索を行っていたが、今はどういう分野を深掘りしていくのか、戦略的分野を設定するようになった」と語っていました。このようにオープンイノベーションの活動が変化し、急速に戦略的に言語化され、洗練されていっているというのを実感する次第です。

この技術インテリジェンス機能の強化というのは、イノベーションを主体的に起こしていく組織において、一丁目一番地であり、極めて重要性が高いもので、まさに必須条件と言えるものになります。なぜならば、この市場分析や戦略の落とし込みが甘かったり、注力領域の抽象度が高すぎたりすると、その後の活動や組織間の連携にズレや齟齬《そご》が生じてしまうためです。また、このプロセスに時間がかかりすぎるのも注意したいポイントです。いかにスピーディーに分析から戦略への落とし込みを行い、活動しながら修正をかけていけるかで、スピード感がまったく変わるでしょう。

ポイント② インキュベーションとブリッジ

事業部門や研究所のニーズリストをベースにした、課題解決型のオープンイノベーション活動ではあまり問題にならない一方で、新規事業を作るようなオープンイノベーション活動では、重要となってくるポイントが存在します。

それはイノベーションを主導するような活動で、必ず直面する受け皿の不在という問題です。特に新製品や新規事業の創出などで多く見られるケースですが、PoCを実行したまでは良いが、その後に事業部門が受け取るにはまだ規模が小さすぎる、またはポテンシャルが未知数すぎるという理由から引き継ぎが難航するうちに、結果として、PoCで終わってしまうということがよく起こります。この課題は、日本でオープンイノベーションの取り組みが比較的進んでいる企業が、ネクストステップとして直面する課題としてよく耳にするものです。今まさに最先端の課題感であると考えられます。

オープンイノベーションに関連する部門の棲み分けイメージ

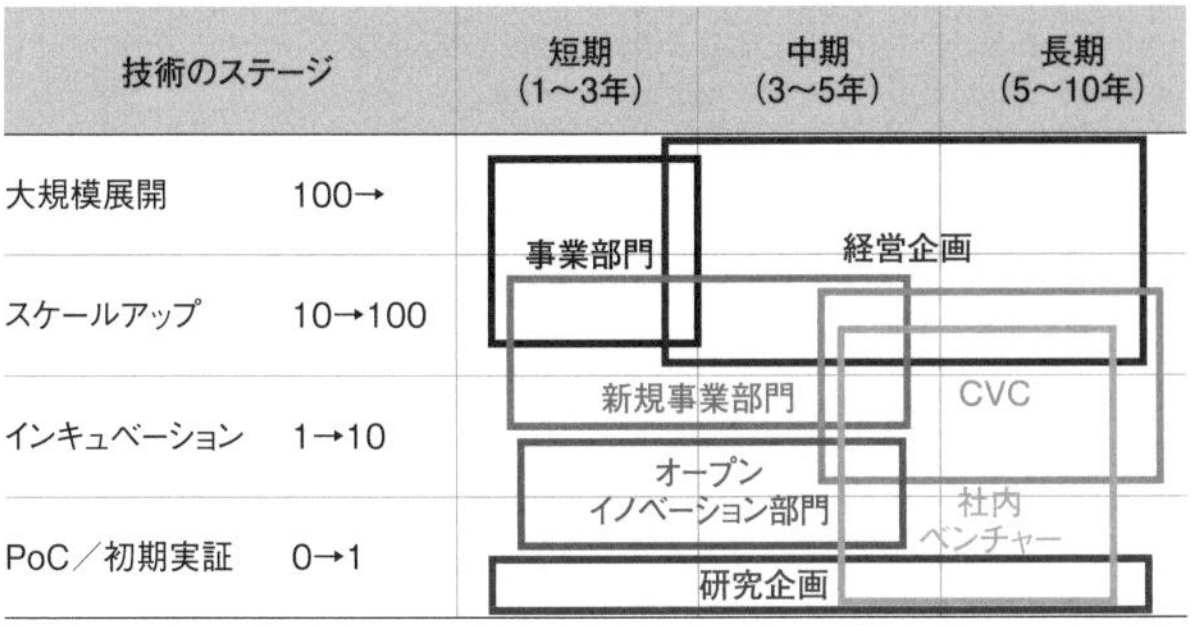

今後求められるオープンイノベーションでは、この「0→1→10→100→」とスケールアップしていく活動をスムーズに繋ぐ必要があります。理想としては、事前にどこまでオープンイノベーション部門で対応し、どこから他部門に渡していくのかを明確に設計し、双方の部門で横断的なプロジェクトチームを組むなどして活動できることが望ましいといえます。

具体的な理解を助けるために、代表的な技術のステージと部門の関係性を示します。

この棲み分けと連携に関しては、組織内であまり言語化されていないケースが多いのが現実です。さらに企業のこれまでの各部門の成り立ちによって、オーバーラップしていたり、カバー範囲が欠落していたりして、どの部門がカバーするべきなのか曖昧となっているようなこともあります。

それだからこそ、自社内では誰がどの領域を担当するのか、そこにはどのように引き継いでいくのか、その機能の設計を言語化し、コンセンサスを取っておくことが重要になってきます。この言語化の過程で、さまざまな部門とディスカッションも行うことにより、各部門のミッションやカバー範囲がより明確化していくこともあります。

とりわけ重要なのは、0→1までの活動を行ったあと、誰が1→10を行うのか、という点です。ある程度の規模まで見えてくれば、事業部門もその新技術や新製品の可能性を評価することができるようになります。しかし、PoCを小規模に行った程度、つまり1の状態では、まだその新技術や新製品を評価することが難しいことがほとんどであるといえます。スケールアップへと繋げていくためには、この1→10の機能をどこに持たせるか、どのように行っていくか、というのが非常に重要です。先端技術領域では、研究企画部門がオープンイノベーション機能を持ち、活動を主導しているケースが多くあります。しかし、こうした部門はPoCができても、それらを育成する機能がないことが多く、PoC後の受け皿づくりに苦戦する例をいくつも見てきました。

例えば、私が取材をしたある国内大手企業の担当者は、研究所主導のオープンイノベーションの取り組みを行っていましたが、実際に共同研究には進むものの、その後の事業としての出口を作るところにたどり着けず、また早く事業化へ向かいたいスタートアップとのスピード感の違いにも悩んだと話をしていました。結局、事業としてのインキュベーション機能が必要だったわけですが、研究所としてはそこまでをカバーするミッションになく、事前に設計すべき機能として抜け落ちてしまっていたように感じます。実際に「研究所が担当するべき業務の範囲外となってしまったが、社内でブリッジ役もいなかったため、部門間で押し付け合うような形になってしまった」という顛末《てんまつ》を聞かせてくれました。

こうした課題に対して、先行するグローバル企業がどのように対応しているのか、ヒントとなる事例を見てみましょう。例えば、先ほど見たP&Gではこうしたインキュベーション機能を、P&Gベンチャーズに持たせていました。またLGでも見たように、LG NOVAという組織でインキュベーション活動を行っています。スタートアップとの協業の手段として、CVCがブームとなりましたが、やはり出資という手段に限定されず、さまざまな手段を用いて、事業の育成を行う機能というのが重要であるということだと考えています。日本の事例でも、ホンダシリコンバレーもスタートアップとプロトタイプ開発や技術支援を行っており、インキュベーション機能を持つと言えます。過去に私がある企業の担当者と話をした際には、「我々の特徴は、新しい事業を0→1にするだけでなく、それを3や4まで成長させる責任を持つ点である」という発言がありました。これはたいへん興味深い機能設計です。この企業では、非常に密に事業部門とオープンイノベーション担当がコミュニケーションを取ります。事業部門の方向性と合致するイノベーションテーマを相談して設定し、育成に成功した際には、どの事業部門がこのテーマを受け取るかが事前に決められています。そして、半年くらいのスパンで、定期的な共同レビューが行われるのです。なお、この企業でも、過去には、新しい事業が生まれると、唐突に事業部門に渡してしまうということが行われていたようです。しかしながらそれではやはりうまく引き継げず、オープンイノベーションを担う組織に、インキュベーションの実行まで責任と機能を持たせることになったという経緯があったとも聞きました。今後、新規事業×オープンイノベーションを担う組織に、こうしたインキュベーション機能までを持たせる例が増えてくるのではないかと考えています。

もう1社事例を見てみましょう。ある海外の大手化粧品会社では、アメリカに新規事業創出をミッションとしたオープンイノベーション部隊が配置されています。第2章のロレアルの事例でも挙げましたが、現在、さまざまな化粧品メーカーが、美容や健康を促進・可視化するためのデバイスの技術を、ビューティーソリューションとして組み込もうとしています。この企業でも同様の目的を持ち、アメリカのオープンイノベーション部隊を中心にさまざまな外部企業との連携が行われています。そこで特筆すべきは、事業部門に渡す前に、PoCだけではなく、ある程度スケールアップする機能をオープンイノベーション部門が持っているということです。このオープンイノベーションチームでは、外部のスタートアップ等と連携してモックアップを作り、小規模なPoCを実施します。このPoCに成功したあと、すぐにどこかの事業部門に引き継ぐのではなく、外部製造委託等を活用し、初期のスケールアップをしていくところまでミッションとして持っているのです。このような取り組みを行うには、あらかじめインキュベーション機能をオープンイノベーション組織に持たせるという機能設計と、それを実行するための予算を持たせることが必要不可欠となります。

ポイント③　コミュニケーションとプロモーション

最後に、部門間におけるコミュニケーションと、他部門への理解を促進するための技術プロモーションについても触れておきたいと思います。

それは、オープンイノベーション部門からイノベーションの「弾」を、どのように事業部門や研究部門など、他の部門に受け渡すか、という論点にほかなりません。やはりこの受け渡しのポイントは、先に述べたように「弾」ができてからいきなり渡すのではうまくいかないことが多く、普段から仕組みとして連携する中で案件化できるほうがスムーズな受け渡しが可能になります。

ややオープンイノベーションの部門とは異なる事例になってしまいますが、面白いなと感じた事例をご紹介します。

以前、テスラのエンジニアと話をした際のことです。テスラはコンセプトから従来とは異なる、新しい技術の開発に数多く取り組んでいますが、とりわけそうした新規技術の開発プロジェクトにおいては、仕事の進め方が従来の大手製造業のものとは大きく異なるというのです。部門横断的なコミュニケーションを頻繁に取ることが非常に特徴的であり、異なる部門間の立場はフラットで、お互いが目標の実現のために挑戦し合うカルチャーであるということでした。

これはオープンイノベーションにも通じる話で、こうした風通しの良さ、イノベーションを実現するためにフラットに挑戦し合う風土というのは、やはりオープンイノベーションのような新しいテーマを扱う取り組みを推進しやすい土壌であるといえるものです。

では先行しているグローバル企業では、こうした部門間のコミュニケーションをどのように行っているのか。当然、企業によって相違がありますので、いくつかご紹介していきます。ここに取り上げるのはどれもグローバルで活躍する海外大手メーカーのオープンイノベーション担当者の話です。

グローバルエレクトロニクス企業

「数十名規模の人員でオープンイノベーションの活動を行う。各地域のローカル拠点からHQへは週次や月次で報告が上がり、各地域での新規技術やスタートアップ動向を共有する。当社はかなり丁寧に内容を検討し、議論を重ねる文化があるため、レポート作成には多くの時間と手間をかける。事業部門やR&Dチームとは2週間に1回程度の会議を行い、案件の共有やオープンイノベーションの探索で必要となる技術要件の情報共有などを行っていた。なお、CVC部門とはそこまで多くのやり取りはなく、定例会議などはないが、同じオフィス内におり、インフォーマルな情報交換の機会は多かった」

グローバル重工業メーカー

「CVC・事業部門・オープンイノベーション部門は緊密に連携できることが望ましい。『社内に不足している技術は何か』『外部で急成長している有望領域はどこか』の目線を合わせることが重要だ。特にAIのように変化が速い領域は、CVCとオープンイノベーション部門が別々に動いていると、CVC側が投資検討を進めている技術を、オープンイノベーション部門側でもPoCを別で進めていた、というようなこともある。少なくとも月1回や四半期ごとの定期的なレビューや意見交換が必要だ。理想的には共同の目標や評価指標を設定し、CVCとオープンイノベーション部門の活動を同期させられることが望ましい」

グローバル消費財メーカー

「CVCオープンイノベーション部門は非常に頻繁に本社の事業部門とのやり取りを行う。そして日常的なミーティングとは別で、半年ごとに大規模なレビューミーティングを実施する。なお、最初に目標・戦略を設定する時点で、組織としてオーソライズするために、経営幹部との会議で合意を得てアクションを起こしていく。当社ではオープンイノベーションが文化として根付いているため、全社的に、もはや普段の日常的な活動の一環となっており、全体のコントロールタワーのようなものも存在しない形となっている。各部門で日常的にオープンイノベーションの活動が行われ、成功例やベストプラクティスの共有や議論が、学術的なアプローチに近い形で部門をまたいで勉強会のような形で行われている」

このように、さまざまな形で部門間のコミュニケーションが図られています。

また、ここまではコミュニケーション・情報共有の頻度などについて述べてきましたが、オープンイノベーション部門から他部門に技術をプロモーションする、という意味でのコミュニケーションの視点も外せません。これまでの取材でも、実際には先の章で述べた事業部門から出てきたショッピングリストには当初含まれていなかった、オープンイノベーション担当が独自に見つけた有望技術を社内で説得し、上層部に通したという話もありました。

私が直接支援をしている、ある外資系の日本R＆D拠点のオープンイノベーション活動でも、こうしたことが行われていました。本社側からは大まかにしかニーズが出てこないため、日本側の担当者サイドで、手探りしながら、こういう技術のトレンドがある中で、こんな有望な可能性のある技術があるがどうか、というプロモーション資料を作成していました。

オープンイノベーション活動といえば、このような技術プロモーションを社外に発信するというイメージがあるかもしれません。ところが実際は、むしろまずは社内にしていくことが求められることをしっかり理解する必要があります。もちろん、いざ事業化していく、スケールしていく、となったら社外に対しての技術プロモーションが必須です。しかし、有望な可能性のある社外技術を社内に取り入れていくことを検討するフェーズでは、オープンイノベーション担当者が、社内に対する技術プロモーターとなって関連部門を巻き込んでいく活動が一定程度必要になります。

［第5章］

先端技術×オープンイノベーションで変わる日本の製造業

日本の先端技術イノベーション、その未来は

日本でのオープンイノベーションが動き出してから十数年が経ちました。しかし、実際はまだまだ大きな変革の途上にあります。社会的なメガトレンドと技術革新の加速により、今後はオープンイノベーションの重要性がますます高まると予想されます。

まずグローバルな視点からの重要点は、顕著な中国企業の台頭です。中国は先端技術領域で急速な成長とキャッチアップを遂げ、日米欧へ技術を輸出する立場へと変貌を遂げつつあります。実際、ファーウェイは2019年のアメリカによる制裁措置からわずか5年で、AndroidからHuaweiOSへの移行と、そのエコシステムの構築を成し遂げました。しかも、さらに自動車分野への垂直展開も実現しているのです。

次世代モビリティの分野でも中国企業の躍進は目覚ましいものがあります。空飛ぶ車（eVTOL）に関しては、世界に先駆けてEHangが生産を開始し、Xpeng Aerohtは2024年内に従来からは想像できない約2000万円という低価格帯の空飛ぶ車の発売を予定すると発表。現在は当初予定よりやや遅れており、中国の航空規制当局との認証プ

ロセスが進行中とされ、問題なく認証されれば、2026年に量産予定となっています。

再生可能エネルギーの分野では、格安の太陽電池パネルで世界を席捲《せっけん》した中国ですが、次世代の技術として、ペロブスカイト太陽電池が期待されています。ペロブスカイトが太陽電池へ応用できることを示したのは2009年の桐蔭横浜大学、宮坂 力教授の論文でした。その後英国や韓国の研究で改良が進み、発電効率が10％台へと引き上げられた頃から世界で開発が本格化してきたのです。しかし、同分野では中国が急速にその特許数を伸ばしており、複数の有力な中国スタートアップも登場してきています。先進国が強みとしていた半導体分野でもキャッチアップが著しい状況です。自動車や太陽光発電のインバーターなどでは、従来のＳｉ（シリコン）から、次世代のＳｉＣ（炭化ケイ素）パワー半導体へと徐々に置き換わっています。この分野では従来、日米欧が強かったのですが、近年は中国企業によるＳｉＣの6インチ基板の量産が加速、最先端の8インチ基板の開発も進んでいます。この分野ではさまざまな中国スタートアップも設立されています。中国企業による先端技術のキャッチアップは非常に貪欲であり、目を見張るものがあります。かつては中国製品の品質は悪い、というのが一般的でしたが、現在はそうした見方もかなり変わりました。基礎研究では日本が先行していたはずの技術が、量産化では中国のほうが先行、というケースがさまざまな分野で見られます。日米欧の企業にとっては、これまで以上に研究開発や事業展開のスピードが求められるでしょう。

本書では、先端技術領域におけるオープンイノベーションの考え方や、課題、そして今後求められるオープンイノベーション機能について整理をしてきました。そのまとめの章として、オープンイノベーションに関して改めて強調したいことを書いていきたいと思います。

長い時間がかかる研究開発と社会実装にどう向き合うか

本書で扱ってきた先端技術領域は、社会に大きなインパクトを与えるイノベーションを起こす可能性のある分野が多く存在していますが、実際に調査したり、研究開発に取り組んだりしてみると、まだ技術が実用化には遠いというケースによく直面します。とりわけ、スタートアップ業界で「聖杯（Holy Grail）」と呼ばれる領域があります。これは、業界を根本から変革する可能性があり、長年の技術的・経済的課題を克服するものが多くあります。この聖杯と呼ばれる領域とは、技術的なブレークスルーが起これば、社会や産業を一変させるようなイノベーションを指しており、実現すれば莫大な市場価値を生むため、多くのスタートアップや研究機関が挑戦している領域でもあります。例えば、量子コンピュータ、ブレインマシンインターフェース、光電融合、核融合発電、アンチエイジング、非侵襲での健康状態・病気診断技術、完全自動運転、高効率人工食料生産など、さまざまな領域が挙げられるでしょう。こうした分野では、企業内での検討の結果、まだ取り組む時期ではないという判断がされて、検討がストップするケースを、私も企業を支援する中で複数経験してきました。

しかし一方で、困難な技術領域に対して長い間取り組み続け、実証製品として形にしている企業もいます。つい最近、私が京都で開催されたカンファレンスの立食形式の懇親会に参加したときのことです。懇親会で、突然声を掛けられたのですが、約15年前に私が野村総合研究所に入社した当時に参画したプロジェクトで、「排水からの貴金属回収」というテーマで有望な技術を調査している際に、ヒアリングをさせていただいた方でした。当時、特徴的な技術で、私もたいへん興味深くお話をおうかがいしたことを覚えています。

この方は、長年の研究の結果、現在はあるディープテックスタートアップのCTOを務めていらっしゃるとのことでした。大手企業からの資本も入っており、当時の研究が、長い時間をかけてこうした形で世の中に出ていくのだと感じることができ、とても感激しました。そして、この時間軸については非常に考えさせられるものがありました。現在もまだ本格的な社会実装手前というフェーズであり、実に15年以上かけて研究成果が世の中に出始める、という長い時間軸です。大きなイノベーションを起こすことを狙う場合は、こうした長い時間がかかる可能性のある技術領域となり得ることを認識する必要があります。

難しいのは、現在は技術的に未成熟でも、ある時間を境に、一気に技術開発や社会実装が加速することもあるということです。本書ではこうしたイノベーションの芽を把握し、適切なタイミングで企業がアプローチできるように、定点観測の仕組み化についても触れてきました。

土台となる技術インテリジェンス機能の重要性

オープンイノベーションの課題と解決の方向性についてさまざまな角度で述べてきまし

たが、オープンイノベーションで成果を出すために、改めて強調したいのは、明確な目標設定と戦略の言語化です。ここが一丁目一番地であり、目標と戦略が曖昧な状態で進んだとしても、大きな成果には繋がらないでしょう。ここでいう目標設定というのは、オープンイノベーション活動を通して、「研究開発のコストを増やさずに、扱う研究開発テーマを倍にする」であったり、「5年後に100億円規模の新規事業を作る」などの目標です。この目標感が飛躍的なものであるほど、より思い切った施策とスピード感が必要になります。

そして次に戦略の言語化です。特に、他部門とストラテジックなシナジーを出そうとすればするほど、戦略を他の部門が目指す方向性と合わせる必要が出てきます。私が過去にインタビューをした海外大手企業のCVCやオープンイノベーション部門の担当者は、この部分について強調していたケースが多かったように思います。とりわけオープンイノベーションの一要素でもあるCVCは、ストラテジックのシナジーを目指すのであれば、事業部門や研究開発部門と戦略の方向性の整合が取れないと、シナジーを出すことは簡単ではありません。あるいは縦割り意識の強い組織では、思い切って事業部門から切り離して、社長直轄にして独立した組織で活動させることも戦略のひとつでしょう。こうした目標と戦略の言語化を行っていくためにも、本書で述べた技術インテリジェンス機能の強化というのは、非常に重要となってきます。

イノベーションを主体的に起こしていく組織へ

そして、前の章で述べたように、今後はオープンイノベーションによって新しい収益の柱を作るような活動が増えてくると想定されます。従来、オープンイノベーション部門が調整役としての機能を果たしていた役割から、主体的にイノベーション創出をリードする活動が求められるようになります。そのためには、改めて強調した技術インテリジェンス機能の強化に加えて、社内の橋渡しとなるインキュベーションとブリッジ機能、そしてコミュニケーションとプロモーション機能が必要になる点について述べてきました。

最近では、大手企業がスタートアップと新しく協業するために出資を行うケースも増えてきました。しかし、お金だけでなく、新しい技術が0→1、そして1→3や4になるために大手企業ができることはあります。特に、スタートアップからすると、初期のファーストムーバーとなる大手顧客候補の開拓は非常に重要となります。多くのスタートアップは手探りの中で開発を行っており、大手顧客から積極的なフィードバックを受けたいと思っていますが、そうした積極的にフィードバックに協力をしてくれる企業は簡単には見つかりません。また大手企業が初期顧客になることで、スタートアップにとっては非常に大きな実績にもなります。一方で、大手企業側が出資をしただけで、その後、社内の事業部門をうまく巻き込めず、協業が遅々として進まなかったというケースもあります。こうした、形だけの協業になってしまうことを避けるためには、インキュベーション機能をどのように持つかも重要になるでしょう。

日本の製造業が世界で勝つ技術大国へ返り咲くために

本書では、先端技術×オープンイノベーションについてのトレンドや先行事例、課題と今後の方向性について述べてきました。多くの問題は日本企業のカルチャーや慣習にまで関係しているため、解決は決して簡単ではありません。しかし、日本には大企業、スタートアップのみならず、優れた中小企業群や、世界に名だたる発明をしてきた大学研究機関まで、世界のものづくり市場で戦える土壌があります。そうした中で、私自身、さまざまな企業の課題や可能性に触れてきました。これまで述べてきたように、グローバルの市場環境は厳しさを増しており、今まで以上に企業の研究開発や事業展開にはスピード感が求められます。そして先端技術領域においては、聖杯やムーンショットのような形で表現される、技術で社会構造や業界構造が大きく変わる、大きなテーマにしっかりと自社の事業を乗せていく必要があります。本書でポイントとして取り上げた①技術インテリジェンス機能、②インキュベーションとブリッジ、③コミュニケーションとプロモーションという3つの要素を駆使し、自らイノベーションを主導的に牽引するオープンイノベーション機能というのは、これからグローバルで日本の製造業が勝ち残るための重要な要素となるでしょう。

おわりに

私は大学時代はロボットの研究に取り組み、新卒でシンクタンクに入社しました。この最初のキャリアから、15年以上、大手製造業のR＆D部門や新規事業部門のクライアントを支援する中で、先端技術領域に関わってきました。そうした中には、たくさんの面白い技術と人、企業との出会いがありました。ある大手素材企業のスピンオフベンチャーの技術デューデリジェンスでは、現場の担当者と一緒に、毎日夜遅くまで事業計画を議論し、その技術のポテンシャルを見極める活動を行いました。大手化学メーカーの研究所発の事業構想策定では、外部の市場環境変化と、内部の技術の強み、そしてオープンイノベーションを活用して、技術起点での事業構想と参入戦略を、研究所の担当者数十名と作り上げるというものでした。また、あるエレクトロニクス企業の新規事業支援のプロジェクトでは、非常に難易度の高いヘルスケア領域のイノベーションテーマをどのように事業化できるか、経営陣へ答申するための資料を、担当者と一緒に短期間で策定しました。こうしたプロジェクトの過程で、さまざまな大学の先生やディープテックスタートアップ、大手企業の開発担当者と数多くのディスカッションをしてきました。そこには、自身が手掛ける技術を世に出したい、というとても熱い思いを持った人たちがいました。オープンイノベーションは、これからも日本企業の中で形を変えながら発展し、取り組まれていくでしょう。組織全体に関わる話であり、簡単なことではありませんが、時間をかけて日本企業なりの成功パターンを見つけていくはずです。本書で提示をした方向性が、日本がグローバルで勝つ、技術大国に返り咲くための参考になれば幸いです。

小林大三（こばやし だいぞう）
1983年生まれ。早稲田大学大学院理工学研究科機械工学専攻修了。野村総合研究所で大手製造業向けの戦略コンサルティングに携わり、技術起点の新規事業支援やR&D構想策定、技術デューデリジェンスを経験。その後、技術マッチングベンチャーのLinkersへ参画し、事業開発やマネジメントに従事。オープンイノベーション研究所を立ち上げ、製造業の先端技術 ディープテクノロジーにおける技術調査や技術評価・ベンチャー探索、オープンイノベーションによる新規事業の戦略策定支援を専門とする。2021年に「アドバンスドテクノロジーX合同会社（現在は株式会社化）」を設立し、自動車、エレクトロニクス、化学、ヘルスケアなど幅広い業界を先端技術コンサルティングの面から支援している。著書に『2020年の産業 事業環境の変化と成長機会を読み解く（野村総合研究所）』（東洋経済新報社、共著）など。

本書についての
ご意見・ご感想はコチラ

Technology Intelligence
オープンイノベーションで日本の製造業が世界に勝つ条件

二〇二五年四月二二日 第一刷発行

著者 小林大三
発行人 久保田貴幸
発行元 株式会社 幻冬舎メディアコンサルティング
〒一五一-〇〇五一 東京都渋谷区千駄ヶ谷四-九-七
電話 〇三-五四一一-六四四〇（編集）
発売元 株式会社 幻冬舎
〒一五一-〇〇五一 東京都渋谷区千駄ヶ谷四-九-七
電話 〇三-五四一一-六二二二（営業）
印刷・製本 中央精版印刷株式会社
装丁 弓田和則

検印廃止

Printed in Japan ISBN 978-4-344-94912-6 C0234
幻冬舎メディアコンサルティングHP https://www.gentosha-mc.com/

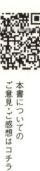